和孩子沟通的
底层逻辑

给家长的
21个行动指南

刘乙了 —— 著

机械工业出版社
CHINA MACHINE PRESS

本书构建了完整的亲子沟通模型，通过 4 个维度、21 个关键点，帮助家长建立和孩子顺畅沟通的渠道，让家长读懂孩子的需要、觉察自己的错误做法、掌控自己的情绪、学会沟通技巧，能够用平和的心态有效表达和倾听，运用正确的沟通技巧，引导、帮助孩子排解不良情绪、应对挫折和失败，重建亲子关系。

图书在版编目（CIP）数据

和孩子沟通的底层逻辑：给家长的 21 个行动指南 / 刘乙了著. — 北京：机械工业出版社，2022.12（2025.1 重印）
ISBN 978-7-111-71589-4

Ⅰ.①和⋯ Ⅱ.①刘⋯ Ⅲ.①青少年教育—家庭教育—指南 Ⅳ.①G782-62

中国版本图书馆CIP数据核字（2022）第169267号

机械工业出版社（北京市百万庄大街22号 邮政编码100037）
策划编辑：刘文蕾　　　　　责任编辑：单元花
责任校对：薄萌钰　李　婷　责任印制：李　昂
北京联兴盛业印刷股份有限公司印刷
2025年1月第1版第4次印刷
145mm×210mm·7.625印张·174千字
标准书号：ISBN 978-7-111-71589-4
定价：59.80元

电话服务　　　　　　　　　　网络服务
客服电话：010-88361066　　　机　工　官　网：www.cmpbook.com
　　　　　010-88379833　　　机　工　官　博：weibo.com/cmp1952
　　　　　010-68326294　　　金　书　网：www.golden-book.com
封底无防伪标均为盗版　　　　机工教育服务网：www.cmpedu.com

前　言

用高效的沟通，赋能亲子关系

本书将为您分享，如何通过高效的沟通拉近亲子关系。

2020年年底，母亲永远地离开了我。她的突然离世给我留下了巨大的遗憾。就在她去世的前两个月，作为儿子的我还和她有过两次争执。因为突发疾病，毫无救治机会，她也没有给家人留下任何一句话。

我的母亲是一位地地道道的"农村妇女"，她身上有着中国传统女性的特点：勤劳、善良、朴实、节俭，在家庭关系中她是一个绝对的付出者。在她身上，我几乎看不到她对自己需求的关注，她所有的心思都用在了关心丈夫和孩子上。和绝大多数的中国传统女性一样，她所有的做法都是"委屈自己，满足家人"。

我从事家庭教育工作之后，一直试图改变母亲这种委屈自己的状态，可是每次都是以失败告终。在她离世前，和我生活在一起的那段时间里，她经常只吃剩菜，而不吃刚炒好的新菜。让她吃，她说她不喜欢吃新炒的那个菜，或者只是象征性地吃一点儿，然后一个劲儿地啃馒头。一次,家里吃面条,发现做得不够,她便给每个人都多盛了一些,自己却盛了一碗最少的。我看到之后就拿自己的那碗和她换,我说:"妈,我想少吃点儿,你吃我这碗。"她看到我要和她换,就说:"盛好了你就吃呗。"然后直接端着碗走开了。

从性格上来说,我的母亲是非常固执的,没有谁可以改变她的想法。想到她总是这样委屈自己,我就带着情绪对她说:"妈,你能不能不要这样,吃菜吃剩的,吃面条就只捞一点,家里又不是没有面条,你这是干什么呀?你总吃不好,我看你最近都瘦了,心里很难受。你以后能不能不这样?"她一听我这样说,直接生气了,说:"你管我那么多干什么?你们自己吃好不就行了,我又饿不着。你嫌我烦,就给我买张火车票,我明天就可以走。"然后放下碗筷就回自己的房间去了。我看她开始赌气了,就去哄她,说:"妈,我错了,我刚才话说重了,我没有嫌你烦,没有让你走的意思。这样吧,以后你想怎么吃就怎么吃,我不干涉你,好吧?"

母亲在我们面前一直都比较强势,强势的同时又对孩子付出了很多。所以成年之后,无论是我,还是我的两个姐姐,只要说一句母亲做得不对,她就会产生非常大的情绪。自那次她生气之后,我也不想改变什么了,只是尽可能地做到顺从。带她出去吃饭,她嫌贵不愿去,多劝两句就生气;带她去旅游景点,她怕花钱,也不愿去,说多了也是生气。我只能选择顺从。

我感觉,随着年龄的增长,我们母子之间的关系似乎越来越远。母亲有她固有的观念,做子女的又有各自的想法。有太多时候，彼此的话都说不到对方的心里去，想要操心的事也管不了，剩下的只能是闲聊。我想，像她那样强势的性格，一定忍下了很多想说的话；像她那样爱操劳的人，一定在很长一段时间里都很失落。

我必须承认，无论我帮助过多少家庭，解决了多少有难度的问题，在自己母亲这里，我是一个失败者。作为从农村走出来的孩子，我的一个比较大的愿望就是希望辛苦了一辈子的父母能够享福。但是，作为儿子的我，又很难改变母亲的观念，让她真正看到亲子关系的变化，让她接受"只有先爱自己，才能更好地爱孩子"这种观点。我从事家庭教育工作的经验告诉我，在关系中，由下至上的影响和改变是很难实现的。也就是说，如果父母没有主动改变的意愿，作为子女，大概率只有顺从和对抗两种方式。

母亲的去世，给我留下了深深的遗憾，也让我更加深刻地认识到，父母的观念对亲子关系的走向起着决定性的影响。这种影响从孩子出生到孩子成年以后，一直都存在。我自己作为一个父亲，对此也有切身的体会。同时，基于我跟踪过的 2000 多个家庭咨询案例，也发现，有太多父母由于自己固有的观念和错误的沟通方式，正在破坏亲子关系。我也看到有很多母亲，正在走向和我母亲一样的道路。

庆幸的是，很多父母愿意通过学习改变自己，目前也已经有近万名父母，因为听了我的课程和向我咨询，得到了帮助，改变了之前的亲子沟通方式，从而改善了亲子关系。我想把这些方法写出来，分享给更多有需要的父母。

从"高效亲子沟通模型"谈起

亲子关系的好坏直接或间接受到亲子沟通方式的影响,大多数的亲子矛盾和青春期对抗,几乎都是日复一日的语言伤害积累出来的。俗语讲"好言一句三冬暖,恶语伤人六月寒",父母和孩子之间的沟通亦是如此。可以说,父母每一次和孩子沟通,都会在孩子的记忆中积累出一个对父母的印象和判断,如果孩子对父母的印象是不理解自己,是否定和打击自己,那么这个孩子就会逐渐表现出主动疏远、对抗或逃避父母的行为。

也许在绝大多数父母看来,沟通无非就是"你一句、我一句"的简单对话,其实每一次简单对话的背后,都有一个复杂的心理反应过程。也就是说,表面的语言和行为,会对心理造成长期的影响。所以要想避免自己的沟通方式伤害到孩子的心理,首先要清楚沟通过程中父母和孩子都会发生怎样的心理反应。根据多年的学习和研究,我总结出了一套高效亲子沟通模型(如下图所示),帮助大家正确理解高效亲子沟通是如何实现的。

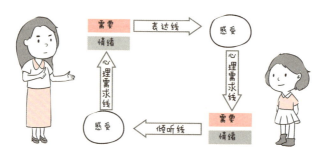

高效亲子沟通模型

在这张模型图里，我把亲子沟通过程总结为四条线，上下两条横线分别代表的是"表达线"和"倾听线"，左右两条竖线分别代表父母和孩子的"心理需求线"。由于在亲子沟通过程中，父母起带动和引导的作用，所以这张模型图是以父母的视角来设计的。要想实现高效沟通，一定是表达线和倾听线同时顺畅通达，即父母说的话，孩子都理解和接受，孩子表达的意思，父母也都理解和接受，最终亲子之间的心理需求通过沟通的形式，达到某种程度上的统一。

要想实现这样一个高效沟通的结果，就必须厘清以下四大影响因素。

第一，父母对孩子的了解程度。在亲子沟通中，父母作为心智更成熟的一方，应该在意识上起到主导作用，也就是说，父母有责任了解孩子的心理需求，能够在沟通中对孩子的感受做出判断，把话表达成孩子更容易理解和接受的方式，实现怎么说孩子都愿意听的结果。

第二，父母的认知观念。孩子的心理需求是会随着年龄的增长而变化的，父母需要根据孩子的年龄阶段调整和孩子的沟通方式。这就要求父母必须清楚孩子在不同年龄阶段的成长规律和心理变化，同时掌握正确的教育理念。只有这样，才能避免因为孩子年龄的增长而不会沟通。

第三，父母的情绪管理能力。在现实生活中，很多父母在面对孩子的问题时容易情绪失控，把负面情绪直接带给孩子，而负面情绪是破坏亲子关系的最大因素。所以，在和孩子沟通时，一定要管理好自己的情绪，避免坏脾气的爆发。

第四，父母的沟通技巧。沟通时，每句话该怎么说，倾听时，又该怎么听，针对孩子的具体问题又该用什么样的沟通步骤来解决，都是需要掌握的。

整体来说，高效亲子沟通模型就像一张亲子沟通路线图，给了我们一个清晰的方向。通过对本书的学习，只要解决以上四大影响因素的阻碍，就能实现高效的亲子沟通。

本书结构

本书基于"高效亲子沟通模型"，介绍处理好四大影响因素的方法，帮助大家真正掌握亲子沟通的正确方式，实现增进亲子关系的目的。

第一章，读懂孩子的需要，主要针对影响亲子沟通效果的第一个因素给出具体方法，帮助父母更了解自己的孩子，在沟通前先看到孩子的心理需求。具体通过五节内容详细讲解，包括看见孩子的真实存在、接纳孩子的真实现状、欣赏孩子身上的优点、听见孩子表达的需求和懂得孩子内心的感受。每一节都配有辅助性练习和工具，帮助大家真正读懂孩子，全面了解和接纳孩子。

第二章，觉察自己的错误做法，主要针对影响亲子沟通效果的第二个因素给出具体方法，帮助父母提升认知，为更好的倾听和表达做准备。首先，讲述了孩子的成长规律和心理需求的变化，针对每个阶段孩子的养育重点给出了一些建议，同时分享了基础的家庭教育理念，让父母更好地找到家庭教育的节奏。其次，针对自我觉察能力，给出了三个具体的提升方法。再次，针对在养育过程中容易出现的问题，给出了具体的改变方案。最后，重点探讨了如何成为"合格的教练型父母"，为持续赋能孩子的成长提供正确方向。

第三章，保持情绪稳定的方法，主要针对影响亲子沟通的第三个因素给出具体方法，帮助父母管理好情绪，以明晰自己的心理需求。首先，分析了影响情绪的主要因素，让父母清楚自己的负面情绪是如何产生的，并针对负面情绪给出了具体的处理方法，让父母能够在情绪爆发前及时"刹车"，同时能够有效地处理掉负面情绪。其次，针对如何获得正面的积极情绪，分享了两个具体的方法，让父母能够在生活中不断获取正向信念，每天都有阳光心态。最后，重点探讨了如何成为情绪稳定的父母，通过分析生命中的四大重要关系，让父母认识到"爱自己"的重要性，并且对如何"爱自己"给出了具体方案，让父母能够在爱自己的过程中得到疗愈，从根本上减少负面情绪的产生。

第四章，用沟通技巧解决孩子的具体问题，主要针对影响亲子沟通的第四个因素给出具体方法，帮助父母掌握和孩子沟通的技巧，实现有效倾听和表达。首先，详细讲解了"高效亲子沟通模型"的原理和用法，并针对表达和倾听两个环节，分别给出了具体的步骤和训练方法。其次，讲述了如何有效鼓励和批评孩子。最后，针对孩子成长过程中容易遇到的具体问题，例如如何解决孩子的无理取闹、如何让孩子共情他人、如何解决孩子的悲伤情绪、如何让孩子学会面对失败等，分别给出了具体的沟通解决方案，让父母能够通过高效沟通，轻松地面对孩子的各类问题。

本书的使用方法

因为常年工作在家庭教育一线，能接触到大量的父母和孩子，我发现有太多爱学习的父母，买了很多书和课程，但还是解决不了问题，其根本原因是没有将学到的方法进行实际应用。在我看来，学习的目的是成长和改变，而真正的成长是要通过具体的行动来实现的。基于此，在本书的每一节，我都设置了针对学习内容的小练习，希望大家在阅读这部分内容的同时，能够按照要求完成相关练习，这样才能真正实现"学到并做到"。

最后，希望每一位拿到这本书的朋友，都能认真地阅读每一章的内容，并能从中有所收获。同时，我也感谢每一位找我做咨询的家长，正是你们的信任，给我提供了研究亲子关系的机会和信心，也才有这本书形成的基础。在接下来的日子里，我也会把更多的精力用在助力家庭教育的研究上，把更多的宝贵经验分享给更多有需要的人。

目 录

前　言　用高效的沟通，赋能亲子关系

01 读懂孩子的需要
看到孩子的心理需求

看见：孩子的真实存在	003
如何真正做到"看见孩子"	005
"看见孩子"是为了更好地养育孩子	007
试一试　父母自测表	011
接纳：孩子的真实现状	013
不接纳，让父母陷入"假象迷失"	013
怎样做到接纳孩子的真实现状	015
试一试　学习实力分析表	019
欣赏：孩子身上的优点	020
通过"成就事件"发现孩子的优点	022
掌握欣赏的技术，让孩子感受到你的喜欢	026
试一试　孩子优点的发现与赋能表	028
听见：孩子表达的需求	029
"听"与"听见"的区别	029

如何做到真正"听见" 032
试一试 "听见"练习 035

懂得：孩子内心的感受 036
"你以为的"和"孩子想要的" 036
和孩子一起回顾"他的成长史" 040
试一试 和孩子一起回顾他的成长史 044

小结：我有一个怎样的孩子 045

02 觉察自己的错误做法
为更好的倾听和表达做准备

觉察的前提：认知的改变 049
养育的基础：了解孩子的成长规律和
　　　　　　心理需求变化 050
教育的过程：正确理解"爱"与"规则" 059
试一试 写下孩子的心理需求和成长重点 067

觉察的准备：自我觉察能力的提升 068
方法1：写"自我觉察日记" 071
方法2：静坐冥想 073
方法3：自我回顾反思 074
试一试 自我觉察日记 075

觉察的过程：改变错误的行为 075
避免破坏孩子的自信心 076
避免毁掉孩子的主动性 081

避免破坏孩子的高自尊	084
避免破坏孩子的美好感受	086
避免破坏孩子的外在关系模式	090
试一试　觉察错误做法	093

觉察的结果：成为合格的父母 094
合格教练具备的三个核心能力 094
怎样成为"教练型父母" 096
试一试　成为"教练型父母" 100

小结：我是怎样的父母 101

03 保持情绪稳定的方法 — 明晰自己的心理需求

导致情绪失控的主要因素 105
负面情绪是如何产生的 107
解决情绪问题的基本思路 111
试一试　找出自己的不合理信念 112

及时处理负面情绪 113
通过"情绪觉察日记"提升情绪管控能力 114
及时处理负面情绪的三个步骤 116
试一试　情绪觉察日记 120

持续获得正面情绪 120
学会对自己的生活进行"美好叙事" 121
以感恩的心态面对生活中的一切 128
试一试　美好叙事 131

XIII

成为情绪稳定的父母 132
　　生命中四大关系的影响 133
　　学会爱自己，让自己获得更多的爱 140
　　试一试　爱自己计划书 146

小结：如何成为情绪稳定的父母 147

04 用沟通技巧解决孩子的具体问题
有效倾听和表达

正确理解"高效亲子沟通模型"的用法 150
　　沟通背后的底层逻辑 151
　　高效亲子沟通模型的基本原理 160
　　高效亲子沟通模型的组成部分 162
　　试一试　回顾和孩子的日常沟通 166

有效表达的正确步骤 166
　　主动表达时，如何说出自己的需求 167
　　被动表达时，如何正确回应孩子 172
　　试一试　用三个步骤和孩子有效沟通 176

提升倾听能力的具体方法 176
　　如何判断自己的倾听能力 177
　　如何提升自己的倾听能力 180
　　试一试　倾听练习 182

有效鼓励和有效批评 183
　　如何正确地鼓励孩子 184

如何有效地批评孩子 189
　　试一试　用正确的方式鼓励和批评孩子 194

当孩子无理取闹时，如何处理 **195**
　　如何判断孩子是不是无理取闹 195
　　应对孩子无理取闹的正确方式 197
　　试一试　用五个步骤处理孩子的无理取闹 201

当孩子不理解别人的做法时，如何引导 **202**
　　错误的引导方式 203
　　正确的引导步骤 205
　　试一试　用五个步骤引导孩子理解他人 209

当孩子伤心难过时，如何应对 **209**
　　理解孩子为什么伤心 210
　　正确的引导方法 211
　　试一试　用四个步骤帮助孩子排解不良情绪 216

当孩子遭遇挫折和失败时，如何开解 **217**
　　具有抗挫能力的重要性 217
　　引导孩子正确面对失败的沟通步骤 218
　　试一试　用五个步骤引导孩子面对失败 226

小结：如何成为一个和孩子沟通的高手 **227**

给家长的 21 个行动指南

看见：孩子的真实存在
接纳：孩子的真实现状
欣赏：孩子身上的优点
听见：孩子表达的需求
懂得：孩子内心的感受

01 读懂孩子的需要

看到孩子的心理需求

读懂孩子的需要，是父母和孩子建立高质量亲子关系，并且能够持续维持这种关系的基本前提。

很多父母觉得自己很了解孩子需要什么，但是这里所说的"读懂孩子的需要"并不是"了解"那么简单。这里的"读懂"至少有主动和理解两方面的含义。如果把孩子比作一本书，那么父母应该是发现这本书最大价值的人，如果只是简单了解一下书的大概内容，是很难真正发现其价值的。我们只有用心阅读每一章的内容，深度理解书中每一句话的意思，才能发现书里蕴藏的最大价值是什么。

当我们把每个孩子都比作一本书时，就意味着每位父母手里的书都是不一样的，各有其特色和不同的定位。我们也可以把教育孩子的过程理解为，通过阅读和理解孩子这本书，让书中的潜在价值放大的过程。在现实中，有的父母会把原本"很厚的书"越读越薄，有的父母能把原本"很薄的书"越读越厚。这背后最大的区别就在于有没有"读懂"。

所以，读懂孩子并不是那么简单的事情，但是如果掌握了正确的方法也不难做到。具体来说，就是要做到本章所讲的读懂孩子的五个层次：第一层，看见孩子的真实存在；第二层，接纳孩子的真实现状；第三层，欣赏孩子身上的优点；第四层，听见孩子表达的需求；第五层，懂得孩子内心的感受。

看见：孩子的真实存在

2019年8月的一天，一位杭州的妈妈带着孩子来找我做咨询。当时我看到孩子的第一眼，就觉得眼前这个孩子应该是一个8岁左右的男孩，因为这个孩子的穿衣打扮和发型完全是一个标准男孩的形象。但是通过沟通才知道，这是一个7岁的女孩。我当时就询问这位妈妈，为什么要把女儿打扮得像男孩呢？这位妈妈当时表现出了极大的困惑，她一再强调不是自己想那样打扮孩子，是孩子从小就喜欢男孩喜欢的东西。通常女孩喜欢做的事情她都不喜欢，不喜欢穿裙子，只喜欢穿中性一点儿的衣服，喜欢踢足球，喜欢男孩玩的各种玩具。

随着咨询的深入，我发现问题还是出在这位妈妈身上。受原生家庭的影响，这位妈妈思想当中一直有"必须生儿子"的固有认知。她的母亲当年就是因为没能生儿子，受到公公婆婆的"歧视"，而且她的母亲一直在向她抱怨因为生了她这么个女儿，才受到了各种不公正的待遇。这位妈妈第一次怀孕时就特别想生一个男孩，但是没有如愿。其实，她的公公婆婆并没有"重男轻女"的思想，她的丈夫也从没有说过一定要生个男孩。但是她心里一直觉得没有生男孩对不起自己的丈夫。

于是，在她一再坚持下有了第二个孩子。第二个女儿出生以后，她打消继续生男孩的念头，但是心里并没有接纳第二个孩子也是女孩的事实。她一直按照自己想象当中男孩的样子培养二女儿。在生活中，不自觉地给二女儿传递自己希望孩子成为的样子。可以说这个7岁女孩表现出的所有喜好和状态，在很大程度上都是在迎合妈妈的心理需要。所以，通过7年潜移默化的影响，二女儿就越来越像男孩的样子了。

上面这个案例中的妈妈就是典型的因为看不见孩子的真实存在，在养育孩子的过程中强加给了孩子很多自己的需求，导致孩子在成长过程中一直压抑着自己的真实需求，久而久之就成为案例中呈现的样子。

她明明是一个女孩，难道妈妈看不见吗？当然看得见，但就是"不去看"。因为在她的潜意识里有养育男孩的需求，这个"需求"强烈地影响着她作为一个母亲的养育方式。更重要的是，3岁前的孩子对这个世界最基本的认知都是源于身边人的传递，基本上父母传递什么，孩子就接受什么。妈妈完全有能力主导自己孩子生命初期的成长方式，所以为了满足自己的内在需求，这位妈妈就开始不遗余力地左右孩子的成长。

如果一位妈妈生下一个女孩后,非常喜悦地接纳了她,完全看得见女儿的真实存在,那么她会怎么养这个孩子呢?可能会给孩子准备各种好看的衣服,每天把她打扮得漂漂亮亮的,甚至从她出生后的第一件小衣服都能看出她的性别。尽管在3岁前,孩子对性别区分没太多认识,但是身边的环境已经开始呈现女孩世界的样子了。在这样的养育环境中,孩子大概率不会在7岁的时候成为一个"假小子"。

可以说,这就是"看见孩子"和"看不见孩子"在养育上的区别,也是家庭教育出现问题的基本原因。

其实,在现实生活中,更多的父母不是看不见孩子的性别,而是看不见孩子作为一个"孩子"、作为一个"人"的真实存在,不能从心理上真正接纳孩子本身的样子。很多父母把孩子当"学习机器"一样去培养,完全不考虑孩子的真实水平和客观现状,直接按照自己想象中孩子该有的样子,给孩子定高标准和严要求。为什么大多数父母很少发自内心地表扬孩子?因为他们完全看不见孩子的进步,只能看见孩子和他们想象中的"完美孩子"之间的差距。

所以,学会看见孩子是读懂孩子的第一步。那么,究竟怎样才能做到"看见孩子"呢?

如何真正做到"看见孩子"

"看见孩子"主要包含三个层面的意思。

第一层，看见孩子的客观存在。

孩子的客观存在指的是用眼睛直接能看到的孩子的所有外在呈现。例如，孩子长什么样，是男孩还是女孩，眼睛大还是小，个头高还是矮，是胖还是瘦等。如果你看见了并且能够接受所看见的孩子的样子，就做到了看见孩子的客观存在。

第二层，看见孩子的不同内在。

孩子的不同内在指的是孩子性格上的特点以及与其他孩子特质上的区别。例如，孩子是内向还是外向，是善于表达还是善于倾听，行事风格是独断专行还是优柔寡断等。如果你能看见并且完全接纳孩子的性格现状，不去拿他和别的孩子做对比，那么你就做到了看到孩子的不同内在。

第三层，看见孩子的真实需要。

孩子的真实需要指的是孩子在每个年龄阶段的心理需要和当时当下的感受及想法。例如，3岁前的孩子希望妈妈陪着他，和他一起玩各种游戏；青春期的孩子希望自己的想法被尊重，希望父母能够给自己自由的空间。再如，孩子伤心难过时需要被安慰，孩子失落时需要被理解和鼓励等。如果你能够看见孩子的这些需要，并且在恰当的时候满足他的需要，那么你就做到了看见孩子的真实需要。

我希望每一位读这本书的父母，都问一问自己：我能够做到第几层？

看见孩子

"看见孩子"是为了更好地养育孩子

父母要想把孩子培养得越来越优秀,能够解决孩子在成长过程中遇到的各种难题,首先要做到的就是看见孩子的三个层面,看见他的客观存在、不同内在和真实需要。如果看不见,就永远无法结合孩子的实际情况解决他存在的问题,因为你总会按照自己心里的完美标准去教育孩子,还会因此产生抱怨:

"我觉得我儿子至少应该考95分,结果他只考了70分,你说我能不生气吗?"

"我觉得这点作业他1个小时绝对能写完,结果他写了两个小时也没写完,你说我能不发火吗?"

你会经常性的情绪失控，会不厌其烦地对孩子说教，会想尽一切办法逼孩子成为你想要的样子。

这就像你手里拿的是一个手机，却看不见它是个手机，而坚信它应该是一架小飞机一样。手机有手机的功能，按照它的功能去使用它，它才能带来最大的价值。如果你看不见它作为一个手机的价值，非要把它当作一架飞机来使用，使劲地把它甩出去，它非但不能飞起来，反而会重重地摔在地上。

其实，教育孩子的过程和创作艺术品的过程很像。所有的孩子刚开始的时候都像一张白色画布，每位父母都像是在画布上作画的人。刚拿到这张白布的时候，几乎每位父母都还没有掌握很好的画画技巧，既没有学过，也不觉得自己应该去学。可能只是看到过很多优秀画作（别人家的优秀孩子），就自信满满地大笔一挥，开始了自己的创作。但是画了一段时间以后，发现和自己想象的完全不一样：这幅画画得好丑啊，和优秀作品的差距太大了！自己完全接受不了。

这时很多父母便开始反思：可能是画画的方法不对，应该掌握一些正确的技巧。于是开始学习，买各种讲方法的书，到处跑去听课。学习了一段时间之后，感慨自己做错了很多，后悔没有早一点儿去学习，觉得自己从最初构图到每一次下笔都是有问题的。

那么该怎么办呢？很多父母的第一反应是涂掉重来。

他们觉得既然学习了那么多正确的方法，自己完全有能力创作出更优秀的作品，不如干脆把之前的半成品用白色颜料全部掩盖掉。他们完全看不见自己当下面对的已经不是一张白色画布了,只想尽快地呈现优秀作品。有的直接选择放弃前面那张面目全非的画布,重新拿一张画布。

这就是很多家庭的教育现状,第一个孩子没有教育好,那就生第二个,老二一定要按照正确的教育方式养育。类似的情况,我在平时的咨询工作中经常见到。

教育孩子和作画终究还是不一样的,一幅画没画好,可以丢到一边,然后再拿一张新的画布重新创作。而面对一个孩子,如果你因为不能接受他现在的一切而轻言放弃,那么这个孩子只会越来越差。

那么正确的做法是什么呢?

基于过去的教育结果,结合正确的教育方法,做到因"孩"施教。要想真正做到因孩施教,首先要看见"孩子"、看懂"孩子"、了解"孩子"的需要,也就是上文提到的"看见孩子"的三个层面。只有做到看见,你的方法才能更有效。很多父母的误区是,只在意自己掌握的方法够不够多,却极少思考如何更恰当地使用方法教育孩子。其实真正的高手是,能抓住关键点,达到"化腐朽为神奇"的效果。这就像一位优秀的艺术家能够通过巧妙勾画,把画布上随意洒落的墨迹变成一幅优美的画作一样。同样的道理,每个孩子所呈现的问题和现状都可以成为未来优秀的基础。

此刻,我希望每一位阅读本书的父母都能够静下心来,回顾你过去教育孩子的点点滴滴，然后用心看见孩子的一切。如果孩子最近一次的考试成绩是 70 分，那么要看到孩子就是 70 分的水平，距离 100 分还有 30 分的差距，这就是他的现状。父母要做的是接纳孩子的 70 分，然后按照他的实力为他提供 70 分水平所需要的支持。缺什么补什么，才能更有效地帮助孩子提升成绩。

其实，不论你的孩子存在着怎样的问题，拖拉磨蹭也好，脏话连篇也罢，哪怕他没有学习动力，自暴自弃，只要你能做到先看见他的现状，再基于现状一一解决问题，不盲从，不跟风，脚踏实地地养育，就一定能走出教育的困境。

特别说明

为了帮助大家学会并真正做到"看见孩子"，在本节的最后，有两个练习需要大家用心完成。

练习 1，完成父母自测表

父母先独立完成自测表（附后）中的每一个问题，然后和孩子确认答案，让孩子为你的测试打分，并且让孩子在你写错的题目上补充正确答案。

练习 2，写出感受和想法

通过完成练习 1 的自测表和与孩子对比答案，你有怎样的感受？通过阅读本节内容，你产生了哪些想法？可以把这些感受和想法写下来。

希望大家接下来阅读每节内容时，都能够认真对待练习，并且真正去体验、感受。只有这样，你才能一步一步地找到你本该有的样子,看到你的孩子本该有的样子,培养一个更优秀的孩子。

让自己成为更好的自己,也让孩子成为更好的自己。

> `试一试` **父母自测表**

1. 1~24 题父母先自己填写,再和孩子核对结果。

   ① 孩子最喜欢你对他做什么事?

   ② 孩子最喜欢的一本书是什么?

   ③ 孩子不喜欢做的事情是什么?

   ④ 孩子未来想成为一个什么样的人?

   ⑤ 孩子最喜欢的一位老师是谁?

   ⑥ 孩子最好的朋友是谁?

   ⑦ 孩子最喜欢哪一位亲戚?

   ⑧ 孩子最喜欢的运动是什么?

   ⑨ 孩子最不喜欢哪一门功课?

   ⑩ 孩子在什么情况下最容易撒谎?

   ⑪ 孩子最爱玩什么游戏?

   ⑫ 当孩子感到委屈时,他会有怎样的表现?

   ⑬ 什么事情最容易使孩子生气?

⑭ 在过去的一年里，孩子最难忘的一件事是什么？

⑮ 在过去的一年里，孩子最骄傲的一件事是什么？

⑯ 孩子希望爸爸和妈妈怎么和他交流？

⑰ 周末，孩子最喜欢做的事情是什么？

⑱ 你认为孩子身上最大的优点是什么？

⑲ 孩子最爱吃什么？最不爱吃什么？

⑳ 孩子对家庭的最大抱怨是什么？

㉑ 除了家里人之外，对孩子影响最大的人是谁？

㉒ 孩子今天的愿望是什么？

㉓ 孩子最希望妈妈对他讲什么话？

㉔ 现在闭上眼睛想一想，此刻如果让你给孩子画一张肖像画，你能想起来孩子长相上的关键特征吗？

2. 写下你的感受和想法。

接纳：孩子的真实现状

"接纳"这个词，相信很多父母并不陌生，因为在家庭教育的讲座和书籍中经常会被提到。但是即便学习过很多相关课程，有的父母还是很难真正做到"接纳"自己的孩子。很多情况下，父母知道自己应该"接纳"孩子，但具体怎么才能做到接纳，却并不清楚。

首先，父母需要正确理解"接纳"的含义。在"接纳"的众多定义中，我认为说得相对完整的是："接纳是我允许你以客体的身份，以你那独特的结构存在于我的内在。"这句话的意思是：你真实存在的现状，不论是好的，还是坏的，在我心里都是被承认的、被允许存在的。在上一节中我们强调了要"看见"孩子，而"看见"的孩子的所有现状都是父母需要"接纳"的。如果只是"看见"，而做不到真正地接纳，那么在教育孩子的过程中就会出现下面的恶性循环等式：

不接纳孩子 = 不愿意承认孩子的现状（问题）
= 完全用自己想象的标准期待孩子的表现
= 经常性情绪失控和发怒
= 亲子关系持续恶化

不接纳，让父母陷入"假象迷失"

父母的假象迷失指的是，完全迷失在自己想象的美好里，不愿意接纳现实现状。通俗地说就是，父母对孩子的成绩有一个自己的标准，觉得孩子就应该考满分，也绝对有实力考满分。无论孩子考得有多差，都觉得那不是孩子的真实实力。这种迷失的状态会对孩子造成巨大的心理压力。

例如，孩子期中考试考了 75 分，而父母的心理标准是 95 分，并且坚信孩子就是 95 分的水平。这时父母会觉得孩子没有认真对待考试，觉得孩子不争气，然后情绪失控、指责孩子，甚至会气急败坏地吼孩子。当孩子面对父母的指责和谩骂时，便会产生更强烈的挫败感，甚至会因为讨厌父母对待他的方式而讨厌学习。

下面我们看一个关于假象迷失的案例。

晓玲是一名初二年级的学生，父母都是名校毕业生。晓玲在小学阶段成绩比较优秀，但是升入初中后成绩并不理想，初一时在班里排 15 名左右。晓玲的父母都自信地认为以他们两个人的名校基因和孩子的学习能力，孩子不应该成绩不好，于是晓玲的父母开始给她补课，没想到过了一段时间考试成绩竟然没有起色。这时候，晓玲的父母并没有客观地看待孩子的真实能力，开始一个劲地给孩子施压，觉得孩子不够努力，没有好好学习，经常逼孩子学习，因为他们坚信孩子的实力完全可以进入班级前 10 名。结果仅半年的时间，孩子的成绩不仅没有提升，还出现了厌学的现象，每天不想写作业，找各种理由请假不去上学。

案例中晓玲父母的表现就属于"假象迷失"，他们完全按照自己的心理预期要求孩子，甚至是逼孩子，丝毫不考虑孩子的现实情况。所以，结果也不会像他们想象的那么美好。

在现实生活中，像这样处在"假象迷失"状态中的父母有很多，在我做一对一咨询的时候经常遇到。当我请做咨询的父母介绍一下孩子最近一次考试的成绩时，很多父母不会直接告诉我分数是多少，而是首先进行解释，如："他的语文这次考得不好，其实他不是这个水平，是因为没有好好写。其实所有题目他都会做。他要是好好写，考 95 分没有问题。"这就是不能接纳孩子真实状况的表现，孩子只考了 80 分，非要编造一个美好的假象来满足自己的心理预期。如果你也是这样的家长，那就需要特别注意了。当你不愿意承认孩子当下的成绩时，你会打乱孩子的学习节奏。

教育孩子是来不得半点虚假的，也根本不存在"速成之道"。要想让孩子的学习成绩提高，就必须先从孩子的实际情况出发。基础差就先给孩子补充基础知识，学习习惯不好就先培养学习习惯，学习方法不对就有针对性地教授学习方法。只有这样一步一个脚印，有针对性地解决孩子的问题，给孩子提供更切合实际的支持，才能教育出一个爱学习、会学习的孩子。在此，我也希望每一位父母都能够觉察自身问题，快速走出"假象迷失"，更加理性客观地看待孩子的学习现状。

怎样做到接纳孩子的真实现状

前文中，我给大家分析了影响父母客观看待孩子真实学习实力的因素，下面，我分享一下如何真正客观地看待孩子的真实学习实力。父母要学会使用一个表格——"学习实力分析表"。

— 学习实力分析表 —

1. 记录孩子最近三次的考试分数。

科目	最近一次考试	上一次考试	上上次考试	三次平均分
语文				
数学				
英语				
科学				
社会				

2. 根据孩子的平均分，写出孩子对各科知识点的掌握情况。

科目	已掌握知识（%）	未掌握知识（%）	备注说明
语文			
数学			
英语			
科学			
社会			

3. 根据孩子对知识点的掌握情况，综合分析孩子在学习中存在的问题。

60% 以下 = 基础知识缺乏
60%~80% = 学习技巧不足
80%~95% = 学习节奏不对

4. 客观描述孩子近半年的学习状态。

学习实力分析表包含四部分内容，各部分的具体做法和要求如下。

第一部分：记录孩子最近三次的考试分数。

这一部分要求父母首先列出孩子目前所有参与考试的科目，然后把各科最近三次的考试成绩都填写进去。填写时要求做到真实客观，直接填写卷面分数，不要加入自己的主观判断。填写完分数之后，求出三次考试成绩的平均值，就完成了第一部分的内容。如果所在学校不直接体现分数，可以直接按照学校给出的评判标准进行填写。例如，有些学校的标准是：优、良、合格和待评。根据这个标准父母基本可以估算出孩子的分数区间，同样可以完成学习实力分析。

第二部分：根据孩子的平均分，写出孩子对各科知识点的掌握情况。

在完成这一部分内容之前，父母需要先明白孩子的成绩和掌握知识点的关系。首先，所有的考试都是在考孩子对知识点的掌握情况，所以孩子对知识点掌握得越牢，考试分数也就越高。根据孩子的考试成绩，父母就可以推算出孩子当下对各科知识点的掌握情况。例如，孩子最近三次数学考试的平均分是 85 分，那么可以认为，这个孩子对已学过的数学知识点已经掌握了 85%，未掌握的知识点是 15%。按照这种推算方式，完成表格第二部分内容的填写。

第三部分：根据孩子对知识点的掌握情况，综合分析孩子在学习中存在的问题。

根据孩子对某一科目知识点的掌握情况，找出孩子存在的主要问题。例如，孩子对某一科目知识点的掌握在60%以下，那么他存在的主要问题就是基础知识缺乏、学习效率和效果较差。基于这个主要问题，父母需要结合孩子平时学习的实际情况，综合分析孩子目前在学习过程中存在的问题。

第四部分：客观描述孩子近半年的学习状态。

这一部分内容是对孩子学习实力分析的总结，完成前三部分的内容后，用心回顾近半年孩子的学习表现，客观地用文字呈现出来，不要加入自己的主观想象，看到孩子是什么情况就直接写什么情况。做到既不过度夸大问题，也不刻意回避问题。如果你连一句话都写不出来，或者只能写出两三句话，那只能说明，在孩子的学习问题上，你没有真正做到关心，而只是关注孩子的成绩。

完成学习实力分析表的四部分内容之后，父母基本可以相对客观地看待孩子学习的真实实力和真实现状了。对于学习实力分析表中孩子存在的各种学习问题，在本书后面的内容里都是可以找到对应的解决方法的。

试一试　学习实力分析表

1. 记录孩子最近三次的考试分数。

科目	最近一次考试	上一次考试	上上次考试	三次平均分
语文				
数学				
英语				

2. 根据孩子的平均分,写出孩子对各科知识点的掌握情况。

科目	已掌握知识(%)	未掌握知识(%)	备注说明
语文			
数学			
英语			

3. 根据孩子对知识点的掌握情况,综合分析孩子在学习中存在的问题。

60%以下:基础知识缺乏,或者基础知识掌握不牢,现阶段学习效率和效果都比较差。
60%~80%:学习技巧不足,学习的自信心不够,存在"假勤奋"的可能。
80%~90%:学习节奏不对,缺少一定的学习成就感,可能存在"自我较劲"的心理。

4. 客观描述孩子近半年的学习状态。

欣赏：孩子身上的优点

如果问父母，表扬孩子的优点有什么作用，相信大家都会说可以让孩子更自信、更开朗。但是，如果要求大家每天都能及时地发现孩子的优点并且表扬孩子，估计很多父母都做不到。通常会存在以下两种情况：

第一种，根本发现不了孩子的优点，觉得孩子身上全是毛病，表扬的话不知道从何说起。

看不到孩子的优点

第二种，按照学来的"表扬话术"表扬孩子，说多了发现孩子对此越来越没感觉了，就不想说了。

按照"表扬话术"表扬孩子

出现这两种情况,都是因为父母把关注点放在了"表扬"的具体动作上,而没有先做到发自内心地"欣赏",所以即使表扬,也像生搬硬套背"台词"一样。每个孩子都是很敏感的,能够清楚地感受到父母的每一句话是真心的,还是违心的,尤其是青春期的孩子,最在意父母的话是否真诚。

这一小节的主题之所以叫"欣赏"孩子身上的优点,是因为欣赏里包含了"发现"和"喜欢"两个概念,更侧重于心理动作。也就是说,如果父母能够做到发现和喜欢孩子的优点,那么表扬孩子时自然不会没有话说,更不会让孩子觉得"虚伪"。

有的父母会说:"我也知道应该发现和喜欢孩子的优点,但是我发现不了,也喜欢不起来啊!"下面通过学习一个方法,让每位父母都能做到发现和喜欢孩子的优点。

通过"成就事件"发现孩子的优点

每个孩子都有他的优点,只是父母缺少发现孩子优点的眼光,或者说缺少发现的方法。无论孩子年龄多大,相信在成长过程中,都取得过一定的"成绩",我们把这些"成绩"叫作孩子的"荣耀时刻"或"成就事件"。例如,孩子一年级期末考试考了满分,孩子参加某个比赛拿了奖项,孩子某天拾金不昧,孩子做了一件事情感动了你或别人等。总之,只要是让我们感到"骄傲""开心"和"欣慰"的事情和表现,都属于孩子的"成就事件"。

接下来,可以闭上眼睛回想一下孩子的每一个"成就事件",从这些能够想到的"成就事件"里,选出几个印象最深刻的,然后参考"孩子优点的发现与赋能表",按照下面的步骤填写出来。

第一步,准备一个"孩子优点的发现与赋能表",同时想一想孩子从小到大的成就事件。

第二步,在表中的每一个空白格里,分别写出一个孩子的"成就事件"。呈现的方式:首先,给每个"成就事件"起一个响亮的名字;然后,用简笔画的方式画出"成就事件"的具体场景,自己能看明白即可,不需要特别专业和精致,如果感觉画不出事件的精髓,可以在表格内加入文字描述;最后,对六个成就事件依次进行描述(如果没有六个,有几个就写几个)。

第三步,针对每一个成就事件的结果,分析孩子取得这样的成绩反映出孩子具备了哪些能力和优点,把分析出的每一条优点都写在对应的"成就事件"旁边,然后把分析出的所有优点全部工整地写在一张空白纸上。

－孩子优点的发现与赋能表－

想一想孩子从小到大的"成就事件"……

期末考试100分 事件名字 简笔画/文字重现事件 写出孩子的能力和优点 ・字体工整 ・认真细心 三年级期末考试 ・爱学习 获得100分!	"荣耀时刻"或 "成就事件"
"荣耀时刻"或 "成就事件"	"荣耀时刻"或 "成就事件"
"荣耀时刻"或 "成就事件"	"荣耀时刻"或 "成就事件"

下面我们通过一位妈妈的填写案例，详细了解一下填写的具体细节。

下页图是一个 11 岁女孩的妈妈填写的"孩子优点的发现与赋能表"，下面以其中两个成就事件为例进行说明。按照前文步骤里讲到的事件呈现方式，她给女儿的第一个成就事件取名为"数学提高 20 分"，然后她画了两张试卷，一张 80 分，一张 100 分，以此表示孩子提高了 20 分。在简笔画的下面还加了一句话说明：在三个月的时间里，女儿的数学提高了 20 分！我们还可以看到这位妈妈对女儿数学成绩提高进行了优点分析，一共写了五个优点：①努力；②学习能力强；③有目标感；④坚持不懈；⑤勤奋。

为什么这位妈妈可以写出这五个优点呢？首先，能够在短短三个月的时间里提高 20 分，说明孩子真的努力学习了，同时也说明孩子的学习能力很强；其次，从 80 分提高到 100 分，是有一定难度的，只有孩子三个月不停地努力学习，才有可能实现，这也就凸显了孩子努力、勤奋和坚持不懈的精神；最后，一个孩子能够坚持不懈地努力，背后支撑她的一定是很强的目标感。

这位妈妈给女儿的第四个成就事件取名为"女儿第一次煮面"，简笔画画的是一碗热腾腾的面，同样在简笔画下面有一句话说明：我生病了，四年级的女儿第一次给我煮面。在这个事件中，她写出了女儿的六个优点：①有责任感；②懂得感恩；③懂得体谅父母；④善良；⑤有爱心；⑥动手能力强。

01
读懂孩子的需要

标题：数学提高20分 凸显优点： • 努力 • 学习能力强 • 有目标感 • 坚持不懈 • 勤奋 一句话说明： 在三个月的时间里，女儿的数学提高了20分！	标题：百米跑第一名 凸显优点： • 有拼搏精神 • 有毅力 • 勇争第一 • 不服输 • 执着 一句话说明： 学校运动会女儿百米跑第一名！
标题：演讲比赛二等奖 凸显优点： • 表达能力强 • 语言组织能力强 • 自信 • 逻辑思维能力强 一句话说明： 学校演讲比赛第二名。	标题：女儿第一次煮面 凸显优点： • 有责任感 • 懂得感恩 • 懂得体谅父母 • 善良 • 有爱心 • 动手能力强 一句话说明： 我生病了，四年级的女儿第一次给我煮面。

案例示范图

这六个优点相信很多父母都能理解。首先，能够在妈妈生病时做饭，直接反映出了孩子有责任感、懂得体谅父母；其次，在妈妈生病时照顾妈妈，这本身就是善良和有爱心的做法；最后，一个四年级的孩子能够煮面，说明她有很强的动手能力。

相信通过上面的解读，每位正在阅读这本书的父母都能按照步骤填好"孩子优点的发现与赋能表"。完成了这个表，也就学会了发现孩子优点的方法。

掌握欣赏的技术，让孩子感受到你的喜欢

填完"孩子优点的发现与赋能表"，父母只是做到了欣赏孩子优点的第一步。除了发现孩子的优点，还需要学会喜欢，并让孩子感受到你对他的喜欢。要想让孩子感受到这种喜欢，要做到以下两点。

第一，强化孩子的优点在你心里的重量。

填完"孩子优点的发现与赋能表"之后，父母不要随手把它丢掉，也不要把它藏在箱底，而是要认真地看一看这张填满了简笔画和优点的表，用心回顾孩子的每一个成就事件，同时问一问自己，之前是否发现了孩子有这么多优点？如果没发现，是因为什么。

然后，向其他家庭成员细致地讲一讲孩子的六个成就事件，以

及这六个成就事件分别反映了孩子的哪些优点。要真诚地讲出来，并且分享你填写这个表的感受。切记，一定要用心做这件事，因为在这个过程中能够强化你对孩子优点的喜欢和认同。

第二，让孩子知道你发现了他怎样的优点。

向其他家庭成员讲完这个表之后，更重要的是讲给孩子听。给孩子讲得越详细越好，最好的方式是按照填这张表的过程，一步一步地讲给孩子听。可以对孩子讲："妈妈回想起你从小到大取得过的很多'小成就'，这些'小成就'体现了你的很多优点。"

按照这样的方式，把每一个事件都讲一遍，之后在列有全部优点的那张纸上写上孩子的名字，并且加上一句"××小朋友，你是一个非常优秀的孩子，因为在你的身上有下面这些优点"。最后签上你的名字，郑重其事地送给孩子，也可以拥抱一下孩子。

凡是能够认真完成上面所有步骤的父母，一定可以做到欣赏孩子的优点。但是我还要特别提醒大家，欣赏孩子不能只是依靠填一次表格，更重要的是要把欣赏孩子融入日常生活中。父母可以给自己定一个小目标——每天发现孩子的一个优点。这个优点不需要很大，可以是今天比昨天做作业快了3分钟，也可以是今天帮助妈妈洗碗、扫地，等等。只要能够每天持续发现孩子的优点，孩子的优点就会越来越多，孩子也会越来越优秀。

> 试一试　**孩子优点的发现与赋能表**

1. 完成表格,并在下面空白处写出你发现的优点。

"荣耀时刻"或"成就事件"	"荣耀时刻"或"成就事件"
"荣耀时刻"或"成就事件"	"荣耀时刻"或"成就事件"
"荣耀时刻"或"成就事件"	"荣耀时刻"或"成就事件"

2. 写下你的感受和想法。

听见：孩子表达的需求

如果有充足的时间给自己的孩子讲道理，有的父母能滔滔不绝地讲两个小时以上，但是如果要求父母每天听孩子说话半小时，可能80%以上的父母都做不到。所以，很多父母根本不了解自己的孩子，不知道孩子每天会产生什么样的想法，总是按照自己以为的孩子的想法与孩子沟通，问题自然也就越来越多。

古希腊哲学家芝诺有一句名言：我们有两只耳朵，但只有一张嘴，所以应该多听少说。这句名言充分说明，在沟通中"听"远比"说"重要得多。在亲子沟通中更是如此，听孩子说话是了解孩子最基础、最重要的一个通道，通过更多地"听"可以更好地避免父母的"自以为是"。成人可以通过语言来判断说话人的心理活动。对于孩子来说，语言表达都是很直接的，只要我们愿意去听，都能听到孩子真实的想法和感受。所以，如果想要做到"说到孩子心里，让孩子接受"，首先要听见孩子的"心声"。

"听"与"听见"的区别

谈到"倾听"，有的父母觉得自己每天都在听孩子说话，但还是搞不懂孩子每天都在想什么。其实"听"和"听见"是有本质上的区别的。从字面意思看，"听"是一个动词，它体现了听的动作，而"听见"则体现了听的结果。"你有没有听见我在说什么？"这样的话，通常都是在沟通中感觉对方完全没有理解自己的意思而发问的。如果父母只是在"听"孩子说话，而完全没有在意和接受他要表达的意思，那么这种"听"是起不到了解孩子的作用的。

听

听见

其实，很多时候父母意识不到自己没有做到"听见"，所以发现不了自己存在这个问题。下面这个案例就能很好地帮助大家理解这个问题。

2020年的暑假，一个来自河北的初二男生在爸爸妈妈的陪同下，到杭州参加了我的线下训练营。当时这个男生已经休学在家半年了，每天在家玩手机，几乎不与人交流，母子关系非常紧张。他在我的课堂上几乎不抬头，也不参加训练营的活动。当时在场的助教都觉得这个孩子有问题，孩子的妈妈也非常焦虑，一到课间休息就找我诉苦，说孩子现在很不尊重她，根本无法和孩子正常交流，说的过程中几次落泪。

第一天课程结束之后，我与这个男生进行了单独沟通。通过40多分钟的沟通，我发现他并不存在什么心理问题，主要的问题都在和妈妈的关系上。我问他和爸爸妈妈的关系怎么样，他说和爸爸的关系挺好，因为爸爸经常出差，很少在家，所以和爸爸之间没有问题。而对于妈妈，他却非常抵触，觉得妈妈不尊重他。比如，同一件事跟妈妈说了很多遍不让她去做，她却好像从来没听见过一样。不让妈妈随便翻他的东西，但妈妈就是不听。这让他非常生气。他当时表情特别厌恶地说："说了很多次，她还是要那样，我特别反感她这一点，所以我不想和她说话。"

我和这个男生沟通完之后，就向他的爸爸妈妈反馈了孩子的情况，跟他们讲了关于孩子反感的事情，分析了孩子出现目前这个状况的原因，并且强调了妈妈的错误做法对孩子的影响。妈妈听完我讲的内容后，第一反应却是指着丈夫说："是不是他爸爸的问题？"我当时脱口而出："你有没有听见我刚才说了什么，孩子说的是不喜欢你的做法！"

上面这个案例中的妈妈就是典型的"听不见"，不仅听不见孩子表达的需求，而且讲到对她不利的信息时，她也听不见。

很多父母和这个案例中的妈妈一样，在和孩子沟通时存在选择性"听见"的问题，只愿意听见自己想听的内容。如果不能觉察自己的这个问题，即便是花时间听孩子说话也是在做无用功。因为如果"听不见"，孩子所表达的信息就会不被重视、不被接受，也就无法实现对孩子的真正了解。在这种情况下，父母会更加强化自己的"自以为是"，对待孩子的方式也会独断专行，这就导致孩子的年龄越大，对父母的抵触和对抗越明显，亲子关系自然也就越紧张。

案例中的男生出现逃避现实和沉迷手机游戏的问题，就是从和妈妈的关系恶化开始的，而母子关系的恶化又是从妈妈的"听不见"开始的。通过以上分析，相信大家都能意识到，听见孩子的需要对亲子关系影响有多大。

如何做到真正"听见"

如果大家通过阅读上面的内容明白了"听见"的重要作用，并且能够区分"听"与"听见",那么只要按照下面的三个步骤去做,就能"听见"孩子每次表达的需求。

第一步,觉察自己听的问题。

这一步的重点在于,发现并接受自己在听孩子说话的过程中存在的问题。解决任何问题的前提都是先发现问题。如果父母始终不愿意承认问题的存在,那么再好的方法都起不到作用。对很多父母来说,发现问题并不是很难的事情,难的是接受并承认问题的存在。下面这个案例中的妈妈就不能接受自己的问题:

2019年10月,杭州的一位妈妈经朋友介绍申请了我的线上一对一咨询。她的儿子上初三,成绩不好,每天沉迷手机游戏,不做作业,班主任老师告诉她,再这样下去,孩子考高中基本没希望。她找我咨询的目的是希望解决孩子沉迷手机游戏的问题,让孩子努力学习考上高中。同时她也表示自己已经参加过很多专家的培训课,始终不能解决孩子沉迷手机游戏的问题。通过一个多小时的沟通,我发现这位妈妈虽然听过很多家庭教育课,但是对待孩子的方式仍然不对。她经常贬低自己的孩子,只要面对孩子就没有好听的话。孩子从上学开始,她几乎每天都在打骂他,经常说孩子是"废物"之类的话。

我花了40多分钟帮她分析孩子沉迷游戏的原因、她的做法对孩子伤害有多大,还给了她具体的建议。她的态度却是:"孩子出了问题不能都怪家长吧,他打游戏是我让他打的吗?这是他自己不争气。"我问她:"孩子的问题难道都是天生的吗?难道家长没有一点儿问题吗?"她却说:"别人家的孩子我不知道,反正我儿子就是天生不争气,从小就不让我省心。即使我的教育方法有问题,也有一半原因是他自己的问题。"

上面这个案例是我所做的大量咨询中唯一失败的案例。这位固执的妈妈代表了一部分拒绝改变的父母。为什么她参加过那么多课程,都不能解决孩子的问题呢?是因为她不能接受自己的错误。绝大多数父母是可以觉察到自己的问题的,如果担心自己的觉察能力不够强,可以参照第二章的内容,提升自己的觉察能力。

第二步,把听的重点放在孩子身上。

在和孩子沟通的过程中,当孩子说话时,父母要把注意力放在听孩子说的内容上。这句话看似简单,很多父母却很难做到,始终都是把关注点放在自己想要表达的意思和想要的结果上。在听孩子说话时,父母一直在期待孩子说出自己想要的答案,一旦孩子说的话和自己想听的不一样,就会打断孩子。用这样的方式与孩子沟通是很难完整地听见孩子所要表达的意思的。所以从现在开始,父母要做到,每次在听孩子说话之前,告诉自己听的重点是孩子要说什么,听的目的是了解孩子语言背后的需求。

第三步,确认听的结果。

"听的结果"指的是听完孩子说的话,父母能够完整地理解孩子想要表达的意思。这也就意味着每次在孩子说完话之后,都要把自己的理解和孩子进行确认。例如,可以这样问孩子:"你刚才对妈妈说了这么多,是不是想要……你看妈妈理解得对不对?"如果能做到这一步,就能真正做到"听见"孩子表达的需求了。

> **试一试** **"听见"练习**

建议父母按照"听见"的三个步骤,和孩子进行"听见"练习,然后把练习后的想法和感受写下来。

懂得：孩子内心的感受

在和孩子的日常互动中，导致孩子和父母的距离越来越远的一个非常重要的因素就是忽略孩子的感受。很多父母在养育孩子的过程中，很少关注孩子想要什么，更不关注孩子感受到了什么，而是强调孩子应该做什么，"我"为孩子做了什么。因此，有的父母喜欢把"我这样做是为了他好"挂在嘴边。这句话在生活场景中随处可见，而且每次说这样的话时都能给出自己合理的理由。例如："他不好好写作业，我吼他是为了他好""他不听我的话，我揍他是为了他好"。

但是，事实证明，无论是吼孩子还是打孩子，都不能让孩子变得更好。我们需要理解的是，人是感受型动物，没有人会觉得打骂可以带来好的感受，心理感受不好，就会产生排斥，时间长了，不好的感受积累多了，就会逐渐产生对抗情绪。所以，只有重视孩子的感受，懂得孩子需要什么，才有可能拉近和孩子的距离，和孩子建立更好的亲子关系。

"你以为的"和"孩子想要的"

孩子感受的好坏，取决于孩子的心理需求是否得到理解和满足。但是有的父母特别容易按照自己的想法要求孩子，很少考虑孩子当下的心理需求是什么。换种说法就是：有的父母总是把自己以为的"孩子应该怎样"等同于孩子的真正需要。当孩子"想要的"与自己"以为的"发生冲突时，便独断专行，强行推进自己"以为的"部分。在这种情况下，孩子的需求就会长期被压制，感受自然也就越来越差。要想改善这个问题，我们必须学会区分什么是"你以为的"和什么是"孩子想要的"。

你以为的

孩子想要的

下面通过两个案例来帮助大家理解如何进行区分。

案例 1：

2018 年 8 月，一位青岛的妈妈申请了我的一对一线上咨询。她的儿子当时 8 岁，上二年级。在咨询中，她反复提到的一个问题是孩子每天都要抱抱、亲亲，上学出门前主动要抱抱，放学后回家进门又要抱抱。她问："刘老师，我的儿子心理上是不是有问题，一个男孩子为什么总是要让我抱他、亲他呢？"我问她是不是孩子从小到大，很少主动抱孩子、亲孩子，而且每次孩子主动要抱抱的时候都会表现出"嫌弃"和"不耐烦"。她说是的，孩子每次要抱抱的时候，她就会觉得很别扭，会表现出排斥。她担心孩子总这样会影响成长。

我告诉这位妈妈，孩子主动要抱抱是因为孩子情感依恋的需求没有被满足。妈妈对孩子要抱抱的排斥和反感，会让孩子觉得妈妈不喜欢自己，更加重了孩子的不安全感。所以，我建议妈妈在接下来的半年时间里主动热情地去抱孩子、亲孩子，满足孩子的心理需要。半年后，这位妈妈向我反馈，孩子再也不主动要抱抱了。有时候，她要抱孩子，孩子还会有一点儿排斥。

案例 2：

一位来自杭州的妈妈，有两个女儿，大女儿读三年级了，学习成绩不理想，每天写作业都需要家长陪着，不陪就不能完成作业。每次陪孩子写作业，她都会忍不住发火，觉得孩子太笨了，后来她干脆把孩子送到了托管班写作业。她的大女儿与她分床以后，每天晚上都会跑出自己的房间，非要和妈妈一起睡，她对此感到非常不能接受。

通过沟通，我了解到，这个女儿上小学前一直不在父母身边，是在老家由奶奶带大的，7岁回到父母身边就开始分床睡。由此可知，孩子对妈妈的情感依恋一直是缺失的，再加上家里多了一个招人喜欢的妹妹，她对陪伴和关注的需求就变得更强烈了，妈妈却一直没有给予满足，还想尽一切办法往外"推"孩子。

我重点给了她两个建议：第一，要取消孩子的托管班，自己每天陪着孩子写作业；第二，虽然孩子9岁了，也先不分床睡，至少和孩子睡在一起半年。这两个建议她都采纳了，半年以后，孩子开始独自睡觉，作业也能独立完成了。到了四年级，各科成绩都达到了全优水平。

这两个案例中的妈妈，都算得上非常用心的妈妈，但是一直在把"自己以为的"强加给孩子，始终没有满足孩子"想要的"。这样问题就会变得越来越严重。

英国心理学家哈里·哈洛（Harry Harlow）曾做过一个"恒河猴实验"：把一只刚出生的婴猴放进一个隔离的笼子中养育，并用两个假猴子替代真母猴。这两个假母猴分别是用铁丝和绒布做成的，哈洛在"铁丝母猴"胸前特别安置了一个可以提供奶水的橡皮奶头。按哈洛的说法，铁丝母猴是一个"有无限耐心、可以24小时提供奶水的母亲"，绒布母猴是"柔软、温暖的母亲"。刚开始，婴猴大部分时间都围着"铁丝母猴"，但没过几天，令人惊讶的事情发生了：婴猴只在饥饿的时候才到"铁丝母猴"那里喝几口奶水，而其他更多的时间则与"绒布母猴"待在一起；当婴猴受到不熟悉的物体，如一只木制的大蜘蛛的威胁时，会跑到"绒布母猴"身边并紧紧抱住它，似乎"绒布母猴"会给婴猴更多的安全感。

这个实验从某程度上证明了，父母在养育孩子的过程中，给孩子提供有温度的触觉、视觉、听觉等多种感觉通道的积极刺激，能够让孩子获得更多的安全感。孩子"黏人"恰恰说明他有对亲人的情感依恋需求。孩子在成长过程中，建立安全的依恋关系是保障他心理健康发展的基础。孩子与依恋对象之间温暖和亲密的关系，不仅能让孩子得到生理上的满足，而且能让孩子体验到愉快的情感。所以，父母一定要重视孩子的心理需要。

和孩子一起回顾"他的成长史"

在明白了"你以为的"和"孩子想要的"之间的区别之后，需要通过一个具体的做法，直接感受到孩子当下的需要和感受。通过这个具体的做法，还可以让孩子直接感受到父母对他的爱与关注，从而拉近亲子关系。

这个具体的做法也是本节的练习：和孩子一起回顾他的成长史。

第一步，找出孩子从出生到现在的照片。

对照片进行分类整理，选出具有代表性的照片：出生时的照片、满月照片、百天照片、1岁到现在每年一张照片、幼儿园上学的照片、第一次得到奖状的照片、第一次旅行的照片等。可以按照孩子的情况自行分类，并且把照片按时间顺序排好。

第二步,看照片回顾成长过程。

按照第一步排好的顺序,可以先独自一人翻看这些照片,想一想每一张照片背后的场景和孩子每一个成长瞬间的幸福时刻。在养育孩子的过程中,你曾经因为孩子的什么举动开怀大笑,又因为孩子的哪些表现感动得落泪,或者孩子的什么表现让你充满成就感。然后,再想一想,在孩子的每一个成长阶段里,你是否都做到了认真地倾听,又是否真正做到了理解孩子的感受。问一问自己,在孩子的成长过程中,你是怎样对待孩子的。当孩子需要爱和关注的时候,你有没有真正让孩子感受到有温度的爱与关注。

第三步,写下你的"回顾"。

完成第二步之后,根据自己的回顾过程,在纸上或者照片的后面,针对每一张照片写下自己的感受和想法,不用写太多内容,一两句话概括即可。例如,看到孩子刚出生时的照片,你想起孩子刚出生时的场景,一家人都很开心,可以写下:"你出生了,全家人都乐开了花,妈妈也感到很幸福"。

第四步,和孩子一起回顾他的"成长史"。

完成第三步之后,可以选择一个晚上的时间,孩子放学回到家,先不过问学习的事情,拿出第三步准备好的照片和一句话,和孩子一起看照片聊聊成长故事。告诉孩子,你整理了他从小到大的很多照片,想邀请他一起看。当孩子坐下来之后,可以按照照片的整理顺序,一张一张地和孩子一起看,同时结合你写的话,给孩子讲讲你看到这些照片时的感受。如果你觉得在孩子的某个成长时刻，自己有做得不好的地方，可以告诉孩子你的反思。

例如，有一次因为没有写完作业，你狠狠地打了孩子，现在回想起来觉得自己做得不对，就可以对孩子说："那次妈妈动手打你，现在想想觉得自己太冲动了，没有考虑你的感受，你当时应该很伤心吧！"如果类似的事情比较多，你也确实觉得伤害了孩子，可以在翻看照片的过程中，向孩子表达歉意。总之，这个回顾"成长史"的过程，是消除亲子隔阂的过程，父母要多谈自己的问题，不谈孩子的错误。

第五步，听孩子说出他的感受。

在完成第四步之后，或者在进行第四步的过程中，听一听孩子想要说什么。一般而言，在父母讲完自己的反思和想法后，孩子都会有反馈。如果孩子没有说自己的感受，在第四步完成之后，可以询问孩子看完这些照片的感受。也就是说，一定要给孩子表达的机会。当孩子说的时候，不论他说的是什么，都要真诚地听孩子说完。在听的过程中一定不要插嘴和打断孩子，孩子讲完之后，可以这样和孩子说："我怎么原来没有发现，我特别愿意听你说话，你以后能不能有什么想法都和妈妈说说？"这一步是增强孩子对父母信任感非常重要的一步，也可以为父母了解孩子的感受打下坚实的基础。

第六步，抱一抱你的孩子。

在完成第五步之后，可以主动抱一抱自己的孩子，可以对孩说:"妈妈好久没抱你了,能不能让妈妈抱一抱你。"记住,这里的"抱"不是形式上抱一下就松开,而是要"停留一段时间"。

在抱着孩子时,可以上下抚摸孩子的背。这是一个爱抚的动作,也是一种爱的表达,可以让孩子感受到有温度的爱和在乎。如果在抱孩子时,想对孩子说点什么,也可以说给孩子听。例如,"妈妈要学着做一个懂你的妈妈,多去关注你的感受和想法"。

 豆豆妈妈 +8 岁

感谢刘老师!好久没有翻看孩子小时候的照片了,翻出了好多回忆。

突然发现我是那么喜欢你、爱你,你是那么的可爱。

我想象不到我怎么会对你发那么大的火,说那么多伤害你的话。

我总是忽略真正的你,觉得在生活上满足你,给你买喜欢的东西,满足你各种物质需求,不计较学费,为你提供各种学习机会和资源,就是爱你,就是为你好,其实,你真正需要的可能真的很简单,就是妈妈的爱,妈妈温柔的陪伴,不是怒吼,不是指责,不是妈妈不断提高的标准……

我应该停下来,看到你真实的内心需要,真实的能力,真实的成绩。我需要更有耐心地等你,我们一起找出每一科的漏洞,脚踏实地地前进,不去跟别人比。我不能用那么高的标准去要求你,否则你会倍感压力。有时候你可能真的是觉得难以达到我要的标准,才会拖延,或者因为我不断地催促,而草草完成作业。

感受:每一天都是不一样的你,看到你每天的成长是我最大的快乐!

年龄:百天

和孩子一起回顾她的成长史

感受:拍摄这张照片的时候,你总是喜欢黏着妈妈,所以妈妈偷偷地在旁边看着你,但是你并没有哭闹,非常配合地完成了拍摄,这个时候的你已经是一个小太阳了,每天都温暖着妈妈。

年龄:2岁

感受:看着你的笑容,所有的一切对妈妈来说都值得了。这个时候正是妈妈创业的时候,虽然陪伴你的时间不多,但是你最爱的还是我,爱你!

年龄:4岁半

现在看到你健康地成长,是妈妈最感恩的事,但是因为这个时候你已经开始上学了,所以妈妈总是对你发脾气,对不起,我的宝贝,妈妈爱你!

年龄:6岁

和孩子一起回顾她的成长史(续)

试一试 和孩子一起回顾他的成长史

和孩子一起回顾他的"成长史"需要每一位父母按照步骤认真去做。只要去做,就能感受到它的效果。同时希望认真按照上面六个步骤操作的父母,能够写一写和孩子互动过程中产生的真实感受和想法。通过写总结,我们不仅可以更好地掌握所学的方法,还能够更好地理解本书后面要讲的内容。

小结：我有一个怎样的孩子

本书第一章的主题是"读懂孩子的需要"，通过"看见""接纳""欣赏""听见"和"懂得"五个环节的学习，以及完成相关的练习，相信大家都能掌握"读懂"孩子的方法。我希望每位父母不仅能够学到，还能够真正做到，这就需要不断地复习和总结。下面的总结练习可以在回顾本章的内容后完成。

练习： 我有一个怎样的孩子

要求： 根据第一章的内容和自己的理解，想一想自己的孩子是一个怎样的孩子，写一个总结，内容必须包含以下三点：

（1）孩子身上优点。
（2）孩子身上目前存在的问题。
（3）你认为自己没有看到孩子的哪些方面，或者自己想了解孩子的哪些方面。

给家长的 21 个行动指南

觉察的前提：认知的改变

觉察的准备：自我觉察能力的提升

觉察的过程：改变错误的行为

觉察的结果：成为合格的父母

02 觉察自己的错误做法

为更好的倾听和表达做准备

随着孩子年龄的增长,很多孩子出现了没有主动性、缺乏自信心、不会社交等问题。这些问题通常都是由父母错误的养育方式造成的。例如,过度控制孩子、习惯性地挑剔孩子、经常对孩子发脾气等。当这些错误做法出现的时候,很多父母自己并不能清楚地意识到,因为这些做法都是基于本能和经验做出的反应,是缺少理性控制过程的。

心理学家乔纳森·海特(Jonathan Haidt)在《象与骑象人》中,把人的心理运作机制分为自动化和控制化两部分。这两部分就像大象和骑象人的关系。大象是没有理性思考能力的,它看到水草就会想去吃,也会想躺下就躺下,想去哪里就去哪里,做出的所有动作都是由本能驱使的;而骑象人的作用则是控制大象的行为和方向,什么地方的水草可以吃,什么时候可以躺下,应该走向哪里,所有的指令都是由理性控制的。当大象出现了错误的做法或者偏离了正确的方向时,骑象人就会用缰绳控制大象做出改变。

每位父母心中都住着一头大象和一个骑象人。当不考虑后果地对孩子发脾气时,就是心里的大象在起作用,这个时候就需要骑象人出现,提醒大象犯错了,同时把大象从错误的方向拉回来。这个过程就是父母觉察自己错误做法的过程。本章就是要通过提升父母心里骑象人的作用,让父母能够觉察自己的错误做法,避免让孩子持续受到错误做法的伤害。

觉察的前提:认知的改变

如果把父母的本能行为比作大象,把理性控制比作骑象人,那么要想确保骑象人时刻都能发现大象的错误做法,首先骑象人必须知道什么是正确的做法,也就是说骑象人手里要有一张完整详细的地图,这样才能及时发现大象是否走错了方向。这张地图对父母来说,就是教育孩子的正确理念和方法。只有建立了教育孩子的正确认知,才能更好地觉察。

大象与骑象人

父母要了解孩子各年龄阶段的成长规律和心理需求变化，掌握养育孩子的正确理念，给自己心里的骑象人绘制一个正确的家庭教育地图，为后面的觉察过程做好准备。

养育的基础：了解孩子的成长规律和心理需求变化

我曾对参加线下培训的父母做过一个调研，发现超过95%的父母在孩子出现问题之前，都是凭感觉养育孩子的，很少有父母真正了解孩子不同年龄阶段的心理变化。如果对待12岁孩子和对待6岁孩子的方式一样，就会产生一系列的问题。因为孩子随着年龄的增长，心智逐渐成熟，心理需求也变得越来越复杂，如果父母和孩子的互动方式始终没有变化，孩子的心理需求与互动方式就会产生错位，错位越大，亲子矛盾就会越多。就好比培育树苗，当树苗刚长出来时，需要搭建大棚给它遮风挡雨，但是当它长得比大棚还高时，如果还像以前那样把它罩在大棚里，那它肯定会撑破大棚。一成不变的养育方式就和一直给树苗罩上大棚一样，原本"正确"的方式反而成了阻碍孩子成长的做法。

所以，只有对孩子不同年龄阶段的成长变化有所了解，才能避免错误做法的持续发生。通过对各类儿童心理和心智发展理论的研究，同时结合自身的实践经验，我总结出了孩子四个发展阶段的成长规律和心理需求，并针对孩子四个发展阶段的成长需求，给出了正确的养育方式、培养重点和亲子关系的目标。

孩子四个发展阶段的成长规律、心理需求及养育方式

年龄	阶段分类	与外界的互动方式	心理需求	养育方式	培养重点	亲子关系
0~3岁	探索期	感知判断	安全感	爱与陪伴	情感与性情	信赖
3~7岁	认知期	感受判断	获得感	教授与引导	认知与规则	权威
7~12岁	思考期	意识判断	成就感	塑造与培养	方法与目标	认同
12~18岁	定位期	意义判断	幸福感	信任与尊重	规划与定位	平衡

0~3岁（探索期）

孩子出生以后到熟练运用语言之前的这个阶段被称为"探索期"。这个阶段的孩子对所处的环境充满了好奇，但是又缺乏语言能力，不能以此来了解外界事物，只能通过自己的不断试探和摸索，慢慢对世界产生基本的认识。这个阶段探索的主要过程就是通过身体的感官系统和外界的一切进行互动，这里的感官系统包括眼、耳、鼻、舌、身。例如，通过眼睛观察父母的表情，判断父母对待自己的态度；通过耳朵听身边人说话的内容，模仿说话；通过鼻子闻气味，认识身边事物的气味；通过舌头的味觉系统产生对各种味道的初始记忆；通过身体的触觉感知各种事物不同的触感。

0~3 岁（探索期）

基于此，我们就可以理解，为什么 2 岁大的孩子一旦尝过糖的味道，就非常排斥吃药了。对 2 岁的孩子来说，告诉他吃药的好处是没有用的，告诉他吃糖多了会牙疼也是没有用的。因为他没有理性的判断能力，感知的好坏决定着他的判断。

孩子 3 岁之前最大的心理需求就是"安全感"。从心理学角度分析，新生儿来到一个新的环境，除了母亲温暖的怀抱，一切都是陌生的，都是不安全的。也可以说安全感是在人类进化过程中，基因筛选的结果。新生儿如果没有对安全感的需求，在没有人照看的情况下，也就不会通过哭喊引起大人的保护意识，那么就会存在危险。

针对 0~3 岁这个阶段孩子的心理需求，父母应该多关爱与陪伴孩子。爱与陪伴，不仅可以满足孩子情感依恋的需求，还可以帮助孩子养成良好的性情。所谓性情指的是一个人的脾气秉性，俗话说"3 岁看大"，其实就是看孩子 3 岁前的脾气秉性。父母是否满足了孩子的心理需求，是否在用正确的方式养育孩子，在很大程度上影响着孩子的性情。

父母在孩子 3 岁之前的亲子关系中，需要充当的是一个被信赖的角色。信赖两个字看起来简单，其实很多父母是没有做到的，例如，那些在孩子 3 岁之前几乎不和孩子一起生活的父母，是无法真正被信赖的。

3~7 岁（认知期）

从 3 岁起，孩子的语言能力已经基本发展成熟，可以和成人进行复杂的语言交流。因此，孩子从亲身探索世界进入了通过语言交流认识世界的阶段。我们发现 3~7 岁的孩子问得最多的问题是"妈妈，这是什么？"同时这个阶段的孩子已经开始学习汉字，一部分孩子可以自己阅读书籍了。孩子认识世界、了解外界知识的能力得到了快速提升，很多从来没有见过的事物，通过书本和其他媒介在孩子的脑海里形成了认知。这个年龄阶段的孩子处于一种大量接受外界知识的状态，所以这个阶段被称为"认知期"。

3~7 岁（认知期）

认知期的孩子与世界互动的方式，已经不再是以简单的感知判断为主了，孩子的情绪呈现变得越来越复杂化，所以心理感受的好坏开始主导孩子判断世界的方式。例如，这个阶段的孩子喜欢踢足球，不会是因为足球的样子吸引了他，而是踢足球的过程让他的心理感受很好，也就是产生了开心的情绪。需要特别提醒大家的是，孩子刚开始学习文化课知识的时候，决定他是否有意愿持续主动学习的，同样是心理感受。如果写作业的过程让孩子感到非常快乐，他就会主动写作业。如果写作业时一直被批评，孩子的心理感受便会不好，自然就会产生抵触情绪。

处于认知期的孩子关键的心理需求是"获得感"，因为在孩子语言能力发展成熟、认知能力逐渐强化之后，也就意味着获取信息的通道完全打开。这个时候他会产生强烈的表达意愿，对未知知识产生强烈的获取意愿。这个阶段的孩子想要知道他眼睛所能看到的一切和自己还不了解的事物是什么，想获得更多的知识。基于孩子的这一需求，父母的养育方式就要侧重在"教授"和"引导"这两个方面。教授的意思是教导和传授，通过教授传递给孩子这个阶段应该掌握的知识信息；引导的作用是帮助孩子建立好的行为规范、养成良好的思想品质，也就是我们常说"教养"。处在"认知期"的孩子对信息的接收是简单直接的，所以这个时期是为孩子立规矩、让孩子懂规则的最佳时期。因此，3~7岁孩子的培养重点有两个：认知能力的提升和规则的建立。

父母在孩子3~7岁的亲子关系中，需要充当的是一个权威者的角色。父母在孩子面前呈现出权威感，不仅可以帮助父母更好地给孩子立规矩，同时也能为后期解决孩子的不良问题打好基础。需要特别说明的是，父母的权威感不是靠打骂孩子建立起来的，关于权威感的正确建立方式，后面会做详细的阐述。

7~12岁（思考期）

从上小学开始，孩子问得最多的问题从"是什么"变成了"为什么"，这表示孩子已经从认知期进入了思考期。进入思考期的孩子不会再像7岁前那样，完全接收父母传递的信息。一般情况下，孩子从9岁开始，对父母会越来越"言不听，计不从"，这就表明，孩子心理层面的"自我意识"逐渐发展完善，也就是孩子具备了独立思考的能力。虽然他们的想法和观点在父母看来都还不成熟，但是处在这个阶段的孩子正在通过各种方式努力证明自己是对的。如果父母对待这个阶段的孩子依然是用命令和要求的方式，就会产生矛盾。

7~12岁（思考期）

处于思考期的孩子与世界互动的方式一般是两种：心理感受判断和思想意识判断。父母需要通过正确的养育方式，帮助孩子从这个阶段早期的以心理感受判断为主，逐渐转变为以思想意识判断为主。思想意识判断指的是通过理性思考的方式判断自己和事情的关系，基于好与坏的分析、失与得的判断，最终得出自己的结论。以孩子学习这件事来说，孩子只有形成了思想意识判断，才有可能基于对未来的期望产生动力，实现主动学习的结果。

但是在孩子的独立意识没有形成之前（一般指9岁前），要求孩子独立自主地完成学习任务，几乎是不可能的。因为这个时候孩子对待学习的态度主要取决于心理感受的好坏，还不会思考目标和自己、未来和自己有什么关系。父母需要做的是，在孩子三年级之前通过帮助孩子建立学习过程的美好感受，让孩子爱上学习这件事，从而形成好的学习习惯。然后从三年级开始，着重培养孩子的独立意识，这样就能更好地培养孩子独立自主学习的能力。

处于思考期的孩子心理需求有很多，但最重要的是对"成就感"的需求。因为在孩子自我意识形成之后，对自我的认识不再只是通过外界的评价来判断，更多的会根据自己的目标和自身行动的结果来判断。也就是说，孩子会通过自己是否能够完成目标来判断自身能力的高低。这就意味着完成目标时的成就感可以提高孩子对自己的评价，从而形成自信心。基于孩子对成就感的心理需求，这个阶段的养育重点是：帮助孩子学会制订合理的目标、教会孩子解决问题的正确方法，这样才能更好地满足孩子的心理需求。

处于思考期的孩子已经逐渐具备了独立意识，父母的养育方式也不能只是停留在教授知识层面，而是要以塑造和培养为主：塑造的作用是基于现状有针对性地强化孩子的正向行为，从而纠正孩子的缺点；培养的关键在于要耐心地帮助孩子提升能力。关于实现这两种养育方式的具体方法，在本书后面的章节中会有具体阐述。

父母在孩子 7~12 岁这个阶段的亲子关系中，需要达到的状态是相互"认同"。首先从孩子的角度来看，父母对孩子的观点和想法表达认同，可以帮助孩子提升自我认知，更快地形成独立意识。从父母的角度来看，想要获得孩子的认同，在沟通态度上就要与要求孩子听从安排时的态度完全不一样。要求孩子听从安排时的态度多半是强势的，不利于孩子独立性的形成，而寻求孩子认同时的态度会给孩子平等、亲切的感受，更利于孩子独立性的发展。

12~18 岁（定位期）

这个阶段是我们常说的"青春期"。青春期是个体从儿童成长发育到成年的过渡期，也就是说，孩子在这个阶段要为做一个合格的成年人，做好身体和心理上的准备。在我国，从 18 岁开始就要对自己的行为负完全法律责任。而且，从成年开始，将会面临很多问题和选择。所以，在孩子成年之前的这个准备阶段，父母的培养重点应该放在培养孩子的人生定位能力和规划能力上。这样，孩子在成年以后才有可能更好地解决人生难题和做出正确的选择。因此，我们又把 12~18 岁这个阶段称作"定位期"。

12~18岁（定位期）

处于定位期的孩子与世界互动的方式一般有两种：意识判断和意义判断。意识判断只是在此阶段的早期起到过渡承接的作用，最终还是以意义判断为主。这里的意义可以理解为"人生意义"。从12岁开始，孩子的人生观会逐渐形成和强化。孩子做任何决定、说任何话，都会或多或少地受到他们所定义的"人生意义"的影响。

同时，处于定位期的孩子在人生观形成之后，就会变得更加"自我"，想要证明自己的独立人格，不希望被控制，不希望被管束，尤其不希望被当作一个孩子。这也就意味着父母的养育方式要更加侧重于尊重和信任，只有做到这两点，才能更好地和"青春期"的孩子形成比较和谐的亲子关系，以避免"失控"的情况出现。

严格来说，12~18岁孩子的心理需求是比较复杂的。从思想层面来说，孩子在形成人生观的过程中会受到各种观点和信息的影响，需要不断地接受、理解、思考、判断，最终形成自己的观点，也就是说孩子要从迷茫的不确定状态找到方向。在这个过程中，心理上必然会产生困惑、焦虑和沮丧等情绪。

从生理层面来说，随着孩子身体的不断成熟，生理会出现一系列的变化，可能出现性冲动和对性的好奇，需要时间和正确的性教育知识帮助他们适应身体的变化；从情感层面来说，青春期的孩子需要同时处理多种关系，友情、爱情以及与父母的关系，无论哪种关系出现了问题，都会对他们的心理产生很大的影响。

面对以上这么多的问题，其实孩子最需要的应该是平衡各种问题带给自己的影响，让自己的身心进入稳定和谐的状态。我把这种状态称作青春期的"幸福感"。也就是说，定位期孩子的最大心理需求是达到平衡状态的幸福感。这就要求亲子关系也要达到"平衡"状态。这里的平衡状态指的是，在平等关系的基础上，相互尊重、彼此不越界，同时给予对方合理的支持。

教育的过程：正确理解"爱"与"规则"

在养育孩子的过程中，"爱"与"规则"是基础的，也是非常重要的两个主题。爱孩子可以帮助孩子形成健康的心理；给孩子立规矩，可以帮助孩子形成规则感，以更好地适应社会环境。但是大多数父母很难做到爱与规则的平衡。爱孩子，有时会"爱"得没有底线，甚至放纵，以至于孩子变得没有规矩。管孩子、给孩子立规矩，又管得过于严苛，对细节较真，甚至到了吹毛求疵的程度，让孩子感受不到父母的爱。在教育方法上，父母似乎总是容易走向极端。下面就是一位妈妈从一个极端走向另一个极端的案例。

2018年年底，一位来自郑州的妈妈申请了我的深度跟踪咨询，她主要想解决孩子对手机上瘾的问题。她的儿子当时读小学六年级，成绩非常差，每天玩游戏到凌晨2点才睡觉。这位妈妈非常焦虑地说，半年前孩子玩游戏的问题还没有这么严重，手机是由家长控制的，就是因为半年前调整了对待孩子的方式，才变成这样的。

通过她的讲述，我了解到，这位妈妈是一位高中的班主任老师，她一直以来对孩子的教育都是比较严厉的，管得也比较细，从小就给孩子定了非常多的规矩，每天都在盯孩子的错误，很少鼓励和认可孩子。结果孩子从四年级下半学年成绩就开始下降，学习态度也越来越差。而爸爸又特别宠孩子，孩子要什么就给什么，还给孩子买了一部手机。原本她想把手机没收了，但是当时孩子闹得很厉害，丈夫也反对，最后与孩子协商的结果是手机由妈妈保管。自从有了手机，孩子的学习态度就更差了。

2017年，他们经朋友推荐和孩子一起参加了国内一家教育机构组织的学习力培训班。课上，一位老师讲了"爱孩子，信任孩子，才能让孩子更有动力"的话题。结果，回到家儿子就对妈妈说："专家都说了，你要信任我，我才更有动力，妈妈你是不是应该把手机教给我管？你要相信我，我是可以管好的。"当时这位妈妈觉得专家说得也是很有道理的，犹豫了一下，就把手机给了孩子，而且生活中也不再盯孩子的学习，努力做到放手和信任孩子，可以说完全给了孩子自由。

接下来的半年时间里，孩子的学习成绩不仅没有变化，手机上瘾问题反而更严重了。后来，通过我三个月的跟踪咨询，孩子彻底放下了手机，并且可以做到每天按时完成作业。而我在跟踪咨询中所采用的方式，是爱和规则双向并用。父母除了要给孩子爱和关注之外，更多的是要加入规则要求的部分。因为孩子玩手机上瘾必须要先切断再引导，单纯地放松很难解决问题，而且基于痛点驱动的原理，我还给孩子设置了责任推动方案，这样才在三个月的时间里解决了孩子的问题。

上面案例中出现的问题，并不特殊，应该说很多父母都有过类似的经历。给孩子立规矩的时候，只会严肃地纠正孩子的错误，像极了一个铁面无私的监工，唯恐展示出"爱孩子"的一面会影响自己的权威。开始学着"爱孩子"的时候，又只会放手和盲目夸奖，总担心自己强调规则会让孩子感受不到爱。其实，案例中培训班专家所讲的"爱与信任，让孩子更有动力"并没有错，但是实施任何方法，都要结合实际情况。案例中的孩子一直被父母管得很细致，在他根本还不具备自我管理能力的情况下，父母在短时间内一刀切式地放手，就会导致孩子行为上的失控。所以，父母应该学会如何平衡爱与规则。

1. 如何做到"爱"孩子

关于如何做到爱孩子，本书的第一章中讲到的所有方法都是在让孩子感受到爱。这里需要强调的是，爱孩子是一个常态化的行为。也就是说，从孩子出生开始，父母和孩子的日常互动就是让孩子感受到爱，具体做法包括：关注孩子的需求、在意孩子的情绪变化、愿意陪孩子聊天、使用表达喜欢和欣赏的话语等。这些都不需要刻意而为，而是要把具体的行动融入生活当中。

那么，当孩子出现问题时、犯错时，是不是也不管呢？针对这一点要特别说明的是：爱孩子也包含了对孩子作为一个"人"的尊重。这句话的意思是，你的孩子是一个孩子的同时，还是一个和你平等的人。想象一下，如果你和一个普通人互动时，他做了让你生气的事，你会怎么做？一般会告诉对方："你这样做我很生气，我很不喜欢。"也就是说，在平等的互动关系里，一定要让对方知道自己的心理感受，这样有利于良好关系的持续。同样，爱孩子的同时，也要像对待普通人一样对待他们的问题。

2. 如何给孩子建立规则感

关于规则，首先需要弄清楚的是，给孩子建立规则的作用是什么。规则的作用主要体现在两个方面：第一，在家庭层面上，通过给孩子立规矩，可以树立父母的权威，从而达到帮助孩子养成良好习惯和教养的目的。第二，在社会层面上，通过给孩子建立规则意识，让孩子能够更好地适应社会。

我们所处的社会之所以能够正常有序地运转，是因为有它的运行规则做保障，其中包括社会道德和法律法规。同时，在社会中，人与人的交往也存在约定俗成的规则。孩子如果没有规则意识，以自我为中心，那么在走向社会之后就会出现各种问题，轻则招人排挤，交不到朋友，重则触犯法律。所以，父母应该有针对性地给孩子立规矩。具体来说，就是要制订两类家规：日常家规和红线家规。

日常家规：用来解决孩子的日常行为问题，帮助孩子形成好习惯。很多父母在日常家规的设置上不讲方法，有的甚至只是口头跟孩子讲一下，就觉得规则已经定下了。还有的父母在执行规则的时候，喜欢随意更改惩罚措施，这样会让孩子不重视规则。以下是正确设立日常家规的具体步骤：

第一步，规则的设定。

规则设定必须包含两部分：规则的要求和惩罚措施。例如，针对孩子吃饭的问题设定规则，要求孩子按时吃饭，在吃饭过程中不磨蹭，不做与吃饭无关的事情。惩罚措施是，如果因为磨蹭或者其他行为故意不按时吃饭，导致错过吃饭时间，就要等到下一顿饭的时间再吃，期间不允许吃零食；如果在吃饭的过程中磨蹭、搞小动作，故意拖慢吃饭时间，导致很久才吃完，就需要承担洗碗和擦桌子的责任。

类似这样的规则设定既包含了具体要求，也有针对性的惩罚措施，就能很好地避免在执行规则时产生争议。需要特别说明的是，惩罚一定要结合规则的要求设置，例如针对吃饭的规则，惩罚要设置成不能吃饭或者收拾碗筷。如果设置为罚站 5 分钟，这个惩罚就和规则无关，惩罚效果就比较差。另外，设置惩罚措施的时候，一定要考虑孩子在执行规则时可能出现的问题，可以在惩罚措施里写清楚这些问题。

第二步，规则的说明。

在规则设定好之后，一定要跟孩子明确规则的具体要求，这样孩子才能按照规则执行，而且规则的说明最好是正式的，带有仪式感的，孩子才会更重视，要避免随口讲规则的方式。例如，很多父母经常会说一句话："跟你讲了多少次，不要这样做，怎么还这样做。"这句话反映了父母的要求都是随口说的，既没有正式的说明，也没有明确的惩罚措施。建议父母通过召开家庭会议宣布规则。例如，孩子在过去一周，有一个行为上的问题需要解决，就可以组织所有家庭成员开会，在家庭会议上把规则要求和惩罚措施进行详细的说明。

第三步，规则的执行。

在孩子触犯规则之后，父母要及时做出反应，依据规则中的惩罚措施，让孩子承担违反规则的后果。例如，跟孩子制订了手机使用规则，规则的要求是：每天允许玩手机 20 分钟，并且要做到准时归还手机；惩罚措施是：如果没有按时归还手机，超过 5 分钟，就取消接下来一天玩手机的机会。在执行规则时，如果孩子有哭闹行为，父母可以增加惩罚时间。

假如孩子玩手机超时了 8 分钟，父母首先要与孩子确认违规的细节，可以告诉孩子："妈妈看了一下时间，你今天玩手机超时了 8 分钟，妈妈给你按 5 分钟算。按照规则，明天你不能玩手机了。"这个时候如果孩子哭闹，就可以说："规则里写得很清楚，如果你哭闹，我可以把惩罚时间延长到两天或者三天，你想让妈妈这样做吗？"关键是到了第二天，父母要坚守底线，无论孩子怎么哭闹，都要用坚定的语气对孩子说："哭闹是不能解决问题的，我们要按照规则执行。"其他多余的话不要说，只有这样才能真正让孩子重视规则，让孩子建立规则意识。

在执行规则的过程中，父母需要注意三点：第一，一定要在孩子触犯规则时，及时做出反应；第二，坚持原则，不让步，这点非常重要，否则规则很难执行；第三，在执行规则时，一定要避免反复解释，只需要用坚定的语言表明态度。

红线家规：用来杜绝孩子的风险行为，是孩子不可触碰的底线。红线家规的本质就是不可触犯，与日常家规的区别在于，日常家规是有犯错机会的，违反成本并不高，而红线家规绝对不能触犯，触犯的代价非常高。关于红线家规的设定，有两点建议：

第一，在平时沟通中做红线家规的传递。

红线家规的作用，更多的是价值观的传递，所以红线家规不能只是简单地写在纸上，而是要通过严肃的态度让孩子感受和意识到。例如，关于偷盗，父母在看到类似的新闻事件和电视剧情节时，就要向孩子严肃地表达自己的观点和态度。可以说："这样的行为是特别可耻的，是违法的，爸爸要告诉你，凡是没有经过别人允许就拿别人的财物，都属于偷盗行为，咱们家绝对不允许这样的行为出现。"父母要用严厉的态度让孩子感受到事情的严重性，这个时候不需要用和蔼可亲的方式说话。重点就是要让孩子感受到父母的严厉和重视。

第二，正确应对孩子触碰红线家规的行为。

即使进行了红线家规的传递，孩子也有可能会违反这些规则。当孩子真的做了违反底线的事情时，父母首先要了解清楚情况，然后观察一下孩子认错的态度。如果明显感觉到孩子自己也非常后悔，很诚恳地承认了错误，那么父母可以选择原谅，只是需要严肃地告诉孩子以后不要再犯类似的错误。如果孩子根本不觉得自己错了，或者连续几次犯同样的错误，那么父母就有必要严肃处理了。严肃处理可以有两种方式：

第一种，让孩子感受到父母从未有过的情绪状态，如可以对孩子表达极度的失望："以大欺小，故意伤害别人，这是绝对不能做的事情，你真的让我太失望了！"我个人不建议父母平时对孩子发火，但是在这种情况下，完全可以发火。平时不发火的父母，此刻的发火能让孩子感受到事情的严重性。

第二种，恰如其分的惩罚。需要特别说明的是，我坚决反对在平时的教育中打骂孩子，但是当孩子犯了非常严重的错误时，一定要将孩子"恶"的小火苗直接消灭掉。当然，前提是平时的教育方式都是正确的，这个时候惩罚才有效。如果平时就喜欢打孩子，这个时候即使打也不会有什么作用。

试一试　写下孩子的心理需求和成长重点

1. 通过阅读本节的内容，结合孩子的年龄阶段，写一写孩子当下的心理需求和成长重点。

2. 针对爱与规则，写出你的理解和想法。

觉察的准备：自我觉察能力的提升

提升自我觉察能力，其实就是提升心中骑象人的控制能力。大象本身的力量要比骑象人大得多，如果骑象人没有足够的技巧和方法，很难控制住大象。这其实和人类的心理反应是一致的，通常人的本能反应就像大象一样强大，而且是与生俱来的。但是自我觉察能力却不是天生的，要通过正确的方法进行训练才能起到作用。换句话说，很多父母心中的骑象人原本都处于沉睡状态，必须要通过正确的方法才能唤醒其控制能力。

如果父母心中的骑象人处在沉睡状态，也就是自我觉察能力为零，那么提升的过程至少要经历四个阶段：

自我觉察能力的提升

第一阶段：无作用状态。

处于这个阶段的父母完全没有自我觉察能力，不懂得反省自己，通常会坚持用自己认为对的方式来对待孩子。如果是以打骂孩子的方式为主，同时又没有觉察能力，那么就意识不到打骂的方式是错误的。也就是说，父母此时的行为都是在"大象"的本能驱使下进行的，几乎不存在有意识的主动控制，以至于会加重打骂的力度，最终导致孩子出现严重的心理问题。

第二阶段：事后觉察状态。

这个阶段可以起到事后觉察的作用，这里一般是指在事情发生后才能觉察到问题的存在。大多数读过一些亲子教育书籍、听过一些相关课程、对亲子教育的正确方法有一定了解的父母，都处于这个阶段。因为掌握了正确的教育理念，所以这时候的父母通常能够在事情发生之后，意识到问题的存在。例如，通常会知道自己对孩子发火是不正确的，可是每次遇到事情又控制不住自己的脾气，吼完孩子之后，看着伤心难过的孩子才开始后悔。这也可以理解为，骑象人刚被唤醒，只是能够发现问题，还没有掌握相应的控制技巧和方法。

第三阶段：事中觉察状态。

在这个阶段，骑象人已经具备了一定的控制能力，可以在大象犯错时及时拉住大象。事中觉察，是指在事情发生的过程中能够觉察问题的存在。这里的骑象人代表的是掌握了一定觉察技巧、懂得主动反省的父母。处于这个阶段的父母可以在事情进行的过程中意识到自己的问题，并及时警醒自己，甚至可以做到及时结束错误行为。

例如，当看到孩子的成绩又退步了，当时就怒火上升，情绪难以控制，对着孩子就说："你怎么回事，怎么又退步了？"但是刚说完这句话，就觉察到自己的情绪失控了，接着就意识到这种方式并不利于和孩子沟通成绩问题，然后自己理性地控制住了，或者是在心里告诉自己"不能发火"。原本一肚子想质问孩子的话都忍了下来，只是对孩子又说了一句："你先想想什么原因，吃完饭一起分析一下。"能够这么做的父母已经具备了中等水平的自我觉察能力。

第四阶段：事前觉察状态。

在这个阶段，骑象人已经具备了强大的控制能力，可以在事情发生前发挥作用，也就是在事情发生前就能避免问题的出现。这里的骑象人代表的是进行了长期自我觉察练习、已经具备了高水平自我觉察能力的父母。这个阶段的父母在和孩子互动时，能够时刻提醒自己怎样做是错误的，怎样做是对孩子有利的，从而有意识地控制自己与孩子互动的方式，避开错误方式。这种状态是一种收放自如的自然状态，不需要专门花时间思考、判断，就像技术高超的汽车驾驶员面对复杂路况超车时，会快速转动方向盘、迅速踩油门一样,不会像新手一样犹豫不决。这种状态也是我希望大家通过本节的训练最终能够达到的状态。

通过上面四个阶段的分析,我们可以更清楚地知道,自我觉察能力的提升一定是要通过实际训练才能实现的,下面给大家分享三个方法。

方法1:写"自我觉察日记"

自我觉察的过程就像存在另一个自己监督自己的本能行为一样。我们每个人的日常行为通常都由本能主导,尤其在冲动状态下,整个人的做法是不受理性控制的。自我觉察日记的作用就是通过记录和呈现事实,唤醒心中的骑象人。这个过程和记账的作用很像,没有记账习惯的家庭,花钱的时候一般不会想当月用度是否超支。反之则不同。通过记录每天的开销,账目的明细会让人的理性提醒自己花钱时要有所控制,以免收支不平衡。可以说,写自我觉察日记是启动理性控制的关键,也是提升自我觉察能力的第一步。

怎么写自我觉察日记呢?

自我觉察日记主要包含五个部分的内容,父母只需要按照下面的模板每天晚上对当天发生的情况进行记录就可以。内容的书写难度并不高,关键是要能够持续坚持记录。

"自我觉察日记"模板

时间：要求写清楚记录的日期。

事件：要求写清楚发生了什么，客观事实是什么，相对详细地写出事情发生的过程。例如，"晚上8点钟，我回到家，看见儿子在玩手机游戏，催他写作业，他说等一会。我非常生气，就动手打了他。"描述过程要做到不加评判，只陈述客观事实。

问题：在事情发生时，自己产生了怎样的想法、念头、情绪和评判？自身存在的问题和错误是什么？例如，"当时我觉得孩子不听我的话，而且回家不主动写作业，这让我觉得他很不争气，打他才能让他长记性。我的问题可能是太心急了，没有和孩子好好沟通，打孩子不一定能解决问题。"

后果：这件事产生了怎样的直接后果，是否可能带来更严重的延伸后果，这个后果与自己的做法有什么关系。例如，"打完孩子的直接后果是：他一直在哭，我也有点儿后悔，安抚了孩子好长时间，他才开始写作业。有可能带来的延伸后果是：好像孩子的脾气越来越暴躁了，而且写作业的时候越来越磨蹭，我想可能与我经常打孩子有关系。"

想法：记录自己产生了怎样的想法。例如，"打孩子这件事，是我的情绪太容易失控。总是打孩子，对孩子的心理也会造成伤害。我必须要控制一下自己的情绪，解决孩子玩手机游戏的问题，应该用正确的方式方法。"

以上是自我觉察日记的模板，建议父母至少坚持写一个月。

方法 2：静坐冥想

每个人都会面临很多压力，这些压力如果得不到释放就会产生很强的紧张感和焦虑感。父母因为孩子成长中的各种问题，也会产生紧张感和焦虑感。人处在紧张和焦虑状态时最容易冲动，觉察能力也会随之下降。静坐冥想的作用是帮助我们减轻压力和焦虑，同时达到身心放松的状态。放松的状态是最有利于启动"理性自我"，进而提升觉察能力的。所以，在写自我觉察日记的同时，也要每天抽时间进行静坐冥想。

静坐冥想的步骤：

第一步，静坐放松。以最舒服的姿势坐着或躺着，闭上眼睛，然后做三次深呼吸。用鼻子深吸气，用嘴巴慢慢呼气，让自己慢慢放松下来。放松四肢，放松腰背，不要有意识地控制身体的任何部位，要感觉全身都进入了放松状态。

第二步，释放想法。把脑海中所有的想法都释放出来，想象着自己的思绪像天上的云朵一样自由地飘过。不需要做任何的控制，只是让它们自然地呈现在脑海中。

第三步，自我观察。想象身体里有另外一个自己，想象自己可以像"灵魂出窍"一样走出身体。然后，观察自己脑海中出现的这些想法，可以与自己观察到的想法对话。问问自己为什么会产生这个想法，它给了自己怎样的感受，又代表了怎样的需求。

第四步，整体回想。做完第三步之后，可以慢慢地睁开眼睛，仍然保持原有姿势和放松状态，然后花几分钟时间回想一下冥想的过程给自己带来的感受。

方法 3：自我回顾反思

回顾反思可以强化觉察效果，同时起到改变行为的作用。回顾反思主要是针对自我觉察日记的内容进行的，要求每记录满 10 天进行一次回顾反思。回顾 10 天问题的过程，其实也是让大家深度重视问题的过程，理性自我的作用会得到二次强化。然后再针对问题进行自我反思，就能促使自我改变。如果写自我觉察日记和进行静坐冥想超过 10 天，基本上就可以达到事中觉察的状态，也就是可以具备中等自我觉察能力。在这个基础上进行三次以上的"回顾反思"，就可以达到事前觉察的状态。

回顾反思的步骤：

第一步，翻看前面 10 天写的自我觉察日记。回想日记当中事件发生的过程，然后留意自己的想法和感受。

第二步，针对日记中记录的问题进行自我反思。可以结合本章第三小节和第四小节的内容，反思自己的错误做法，追问自己为什么会出现这样的错误。然后针对自己的反思，写出改变和调整计划，最好写出具体的正确做法。

第三步，把自己在回顾过程中产生的想法和感受，以及反思的内容记录下来，写一个整体的回顾总结。

> 试一试　**自我觉察日记**

1. 写自我觉察日记。

2. 按照本节给到的方法尝试静坐冥想。

觉察的过程：改变错误的行为

觉察的目的是发现问题，进而做出改变和调整。但是，很多父母在实际养育孩子的过程中，对很多具体问题并没有清晰的答案，例如，自己的哪些做法会伤害孩子的自信心，怎样调整可以帮助孩子重新建立自信心。基于此，我总结了在孩子成长中比较重要、也是父母最容易出问题的五个关键点，以帮助大家在自我觉察的过程中，更好地避免问题的发生，或者有针对性地做出调整。

避免破坏孩子的自信心

自信心对孩子来说有多重要,相信每位父母都很清楚。简单来说,自信心直接影响的是一个人"敢"与"不敢"的问题。有自信心的孩子面对难题和未知时通常都是敢于挑战的,而没有自信心的孩子即便是有很好的想法,往往也不敢尝试。而且,缺乏自信心的孩子在与陌生人交往的时候会胆小怯懦。所以,不论从哪个方面讲,自信心都是孩子不可缺失的。但是,很多父母正在不知不觉中破坏孩子的自信心。

要想避免破坏孩子的自信心,首先要了解孩子的自信心是怎么形成的。自信心是一种反映个体对自己有能力成功完成某项活动的信任程度的心理特性,是一种积极、有效表达自我价值、自我尊重、自我理解的意识特征和心理状态,也称为信心。换句话说,自信心就是相信自己有能力做到某件事,是对自己能力的正向评价。对于孩子来说,最初对自己能力的判断主要源于外部,也可以说主要来自于父母的评价。随着孩子年龄的变化,外部的评价方式也有所不同,所以孩子通过外部获得自信心的过程需要经历三个层面。

第一层,从小被认可和喜欢。

孩子在幼时如果能够感受到身边人的认可和喜欢,就会形成对自身的最初判断——我很好,很招人喜欢。我们也可以把这个判断称作"自信",这里的自信是孩子对自己作为一个人的最初评价。

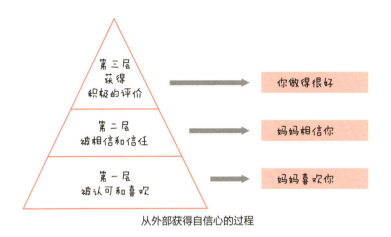

从外部获得自信心的过程

孩子在 3 岁之前是没有办法通过更多的信息和经验来认识自己的，他们获得的大部分信息来自于和身边人的互动。而且这个时期的孩子对信息的判断也都是比较简单直接的，他们会把父母对待自己的方式直接视为世界对待自己的方式。也就是说，在孩子感受到父母的认可和喜欢之后，他们就会认为全世界的人都会喜欢和认可自己。当他们面对陌生人时，就不会害怕和担心别人不喜欢自己，自然也就会呈现更"外向"的状态。

相反，如果孩子从出生开始感受到的嫌弃和挑剔偏多，就会影响孩子自信的建立，他们对自己的最初判断也会变成"我不好""我不招人喜欢"。当面对陌生人时，孩子就会担心自己不被人喜欢，性格也会变得越来越内向。因此，父母的嫌弃会对孩子的人格造成伤害，而父母的挑剔会让孩子从小形成"自我怀疑"的心理状态。所以要避免破坏孩子的自信心，父母第一个要觉察的就是自己有没有嫌弃和挑剔孩子的行为。

第二层，被相信和信任。

这里的被相信和信任，指的是孩子在尝试做某件事的时候，父母表现出的态度。通常孩子在可以灵活、自由跑动之后，就会尝试做很多事情，例如爬上爬下、翻找东西、自己拿饭勺吃饭等。当孩子尝试做这些事情的时候，父母如果表现出来的是相信孩子可以、允许孩子去做，或者教孩子怎么做，那么孩子感受到的就是被相信和信任，这样孩子就会形成对自己能力的基本判断——我可以，我相信我可以。

但是如果父母在孩子尝试之前就给孩子传递消极信念，告诉孩子那样做会有危险、做不到等，孩子感受到的就是被否定和怀疑。长期的否定和怀疑会破坏孩子早期自信心的建立，导致孩子产生"我不敢"的心理。

很多父母会觉得自己并没有否定和怀疑孩子，但是孩子还是没有自信心。其实很多父母的否定和怀疑是以"过度保护"或"过度宠爱"的形式呈现在孩子身上的。例如，两岁半的孩子已经具备自己吃饭的能力，父母却觉得孩子自己吃容易弄得很脏，也吃不好，于是就不允许孩子自己吃，这就是不相信孩子的吃饭能力。

还有的父母担心孩子与别的小朋友玩耍时会吃亏，就一直跟在孩子旁边，甚至有些父母告诉孩子，不要和他们一起玩，他们会欺负你。这样的方式，看似是在保护孩子，孩子感受到的却是你在否定他与同龄人的互动能力。这种"保护"最坏的影响是导致孩子"家里横"，在家生龙活虎，离开父母就胆小怕事。基于此，父母需要深度觉察自己的做法是否让孩子感受到了"否定"与"怀疑"。

第三层,获得积极的评价。

随着孩子年龄的增长,孩子自信心的建立就会体现在具体做事的过程和完成的结果上,因为做事的过程是对能力的检验,完成的结果是对能力的直接证明。但是过程和结果的好坏,孩子需要根据父母的反馈和评价来判断。所以,父母需要做的就是,在孩子做事的过程中,给予及时的正向反馈,鼓励和肯定孩子的做法。以下两个小场景说明了如何正向反馈。

场景1:孩子写作业时,刚写了一行字就问妈妈写得怎么样,这个时候孩子需要父母的反馈来建立对自己写字能力的判断。如果父母看到孩子写的字,对孩子说:"宝贝,你写得很工整,妈妈在你这个年龄写的字还没你写得好。"这就是正向反馈。孩子在听到父母的正向反馈之后就会更相信自己的写字能力了。

场景2:孩子做完当天的作业交给父母检查,这个时候父母需要做的就是肯定孩子。假如孩子做对了6道题,错了4道题,父母首先要对正确的6道题提出表扬,可以对孩子说:"你这6道题做得非常正确,思路清晰,写得也很认真,说明你刚才用心写了,非常好!"对做错的4道题,要有耐心地分析原因,可以对孩子说:"这几道题,你可能之前没有遇到过,经验不足,我们一起来看看问题出在哪里。"这样的评价方式就是对孩子努力的结果的肯定,孩子就会觉得自己做题的能力还是可以的。

可能很多父母会有疑问，孩子本来写字写得不好，还要肯定孩子吗？作业做得质量很差，也要给予正向评价吗？孩子做一件事做得好不好，必须考虑能力和经验因素。如果孩子从来没有专门练习过写字，那么他只要写出其能力范围内的水平就是值得肯定的。父母的作用是帮助孩子建立自信心、形成好习惯，不是为了证明孩子的能力不行。如果孩子能够持续地获得正向反馈和正向评价，他写作业的自信心就会越来越强，对自我的要求也会越来越高。

相反，如果在孩子做事的过程中，父母一直给予负面反馈和评价、批评和打击孩子，那么孩子的自信心就会被破坏。同样用两个场景来说明负面反馈对孩子带来的伤害。

场景1：一位高学历爸爸，非常强势，不允许孩子在写作业时出现一点儿错误。孩子从一年级开始写作业，他就在旁边盯着。孩子拿起笔刚写一笔，他一巴掌就打在了孩子的手上，非常严厉地质问孩子："你看你握笔的姿势对吗？"孩子战战兢兢地写完了第一个字，他又一巴掌打在孩子的头上。孩子一脸懵地看着爸爸，爸爸又吼道："你怎么这么笨呢？笔顺写错了。"

可以说这个爸爸在辅导孩子写作业的五年当中从来没有肯定过孩子，结果就是孩子二年级到五年级的家庭作业没有一天是全部完成的。据孩子的妈妈说，孩子从二年级开始就逃避写作业，打都不愿意写。这是因为孩子在爸爸无数次的打击下，已经完全丧失了写作业的自信心，觉得自己没有能力写好作业，干脆放弃了。

场景2：孩子期中考试考了95分，比上次进步了5分，拿到试卷之后很开心。好的结果本身对孩子的能力就是一种证明，但是父母看到分数的态度却是："你有什么好开心的，95分很高吗？你们班100分的同学就有5个，你还差得远呢！"这句话就是对孩子学习能力的直接否定，会严重破坏孩子的学习自信心。

其实类似的情况在现实生活中普遍存在，不仅是对待学习，孩子刷好了碗筷，父母说洗得不干净；孩子参加比赛拿了三等奖，父母的态度是不满意等。如果父母总在用自己的高标准否定孩子，那么孩子的自信心就永远无法建立。

针对以上三个层面，父母需要做的就是不断觉察自己的做法，尽可能地避免破坏孩子的自信心。

避免毁掉孩子的主动性

很多父母抱怨自己的孩子没有主动性：学习不主动，起床不主动，甚至吃饭都不主动。如果孩子不主动做事，那么着急的就是父母。每天做什么事，父母都要催着孩子，提醒着孩子。很多孩子吃饭要哄着，写作业要吼着，无论父母怎么着急就是不主动。怎样才能让孩子做事有主动性呢？首先，我们需要了解一个人的主动性是如何产生的。

基于人性当中"趋利避害"的特点，人的主动性的产生可以归结为两个原因。第一个是"怕失去"而不得不主动去做;第二个是"想得到"而主动争取去做。接下来,具体分析这两个原因在孩子身上是怎样起作用的。

第一,"怕失去"而不得不主动去做。

这里的"怕失去"指的是不去做就会付出代价和遭受损失。对孩子来说,就是他不主动做就会有不好的后果出现。例如,孩子不按时吃饭,过了饭点就要等到下一顿才能吃,而且中间没有零食可以充饥。如果孩子体验过饥饿,那么以后一定会主动按时吃饭。但是如果父母心疼孩子,担心饿一顿会饿坏身体,不是哄着孩子吃饭,就是给孩子准备零食或单独做一顿饭,就会让孩子认为"不主动"不仅没有代价,而且还会获得更好的待遇,自然而然也就越来越不主动了。

父母的过度干涉是破坏孩子主动性的第一元凶,要想让孩子因为"怕失去"而主动,就要让孩子成为自己事情的"第一责任人",这样孩子才会为自己的不主动承担责任。也就是说,事情落在了孩子一个人身上,没有人可以替代,他就不得不主动去做了。在这个过程中,父母需要做的是分清"什么是孩子的事",凡是孩子有能力独自完成的事,都属于孩子自己的事。例如,两岁的孩子有能力自己用勺子吃饭,吃饭就是孩子自己的事,父母如果还给孩子喂饭就是过度干涉,孩子主动吃饭的习惯就很难形成。

所以,在这一点上父母需要深度觉察的是,自己有没有过度干涉孩子。在遇到具体的事情时,问一问自己:"这是不是孩子自己的事？我是不是过度干涉了？"

第二，"想得到"而主动争取去做。

这里的"想得到"指的是通过主动做事可以得到"好处"。对孩子来说，"好处"主要体现在两点：心理感受好和现实结果好。心理感受好包括获得认可、鼓励和赞美，简单来说就是心理感觉很"爽"；现实结果好一般是指成绩提升和获得奖励。例如，孩子每天写作业的时候都能获得认可和鼓励，他的心理感受就是好的，他就会为了获得这种好的心理感受而主动写作业；如果因为他每天主动写作业，每次考试成绩都非常优异，不仅老师表扬，学校还颁发奖状，父母也很满意，那么即便是没有额外的物质奖励，现实结果带来的荣耀感也足以让他产生学习的主动性。

如果父母对孩子学习的过程都是否定、批评和打击，孩子"想得到"的心理好处就不存在了，他就会因为感受很差而不愿意学习，甚至逃避学习，每次写作业都需要父母监督着被迫去写，久而久之恶性循环，考试成绩也会下滑。这样就会导致老师不满意，学校不重视，如果父母也跟着嫌弃孩子，那么现实结果的好处也就不存在了。

孩子想要得到的好处都不存在，对孩子来说学习换来的都是"坏处"，肯定就不再愿意主动去做了。很多父母喜欢站在自己的角度要求孩子，觉得孩子只有先主动了才能获得好处。但是，孩子都是通过经验来做判断的，如果过往的体验不好，他不会相信未来能够得到好处。所以，父母要觉察自己的错误做法，改正错误，起到好的指引作用，而不只是喊口号讲道理。

总之，孩子面对自己需要做的事情时，父母越干涉孩子，孩子就会越依赖父母，惰性就会产生，主动性就被破坏；孩子在具体做事的时候，父母越打击和批评孩子，孩子的感受就越差，排斥心理就会产生。如果父母否定孩子做事的结果，孩子就会产生逃避心理，主动性就会完全丧失。

避免破坏孩子的高自尊

高自尊对于孩子的成长是非常重要的，基本上高自尊是一个孩子成为优秀者的前提条件。很多父母并不理解高自尊的真正含义。自尊即自我尊重，是指既不向别人卑躬屈膝，也不允许别人歧视、侮辱自己，是一种积极的心理状态。自我尊重是建立在对自我的认同和欣赏的基础之上的。我们可以把高自尊理解为对自己的高认同和高期待。低自尊则是指对自己的低认同和低期待。这两者的区别主要体现在羞耻心上。高自尊的人会有很强的羞耻心，当他做错事时会感到惭愧，当自己做出的结果达不到自己的期待时会感到内疚，也就会有知耻而后勇的表现。低自尊的人做错了事很难有羞耻心，他们通常会表现出得过且过、无所谓的状态。由此，我们可以知道高自尊对一个孩子未来的成长是多么重要。

怎样才能培养孩子的高自尊呢？培养孩子高自尊的关键点有两个：一是做到对孩子的基本尊重；二是给孩子正向的人格评价。下面针对这两点做具体的分析。

第一,做到对孩子的基本尊重。

尊重孩子主要是指重视孩子,以平等的态度、言行和孩子互动。具体来说,重视孩子就是重视孩子的感受和孩子所说的话,这样能让孩子感到自己很重要。平等相待就是在和孩子互动时以平等的姿态面对孩子,不以高高在上的方式俯视孩子。例如,在和孩子对话时蹲下来,平视孩子。孩子表达自己的想法时能真诚地倾听,凡是孩子自己的事都能让孩子自己做主。这样就能让孩子感到被尊重,感觉自己是家庭的一分子,有表达自我意愿的权力。父母如果能够如此做,其实就是认同了孩子作为一个独立个体的存在,孩子也能形成对自我的高度认同。

反之,如果父母把孩子视为自己的附属品,凡是都要听从自己的安排,不重视孩子的感受,对孩子的想法和需求视而不见,那么孩子就感受不到父母对自己的尊重。例如,孩子想和父母聊天,父母的态度却是应付和敷衍;孩子说出想法时,父母觉得太幼稚。这些做法就会让孩子的自我认同感降低,高自尊也就很难形成。

第二,给孩子正向的人格评价。

人格评价指的是对一个人的思想品质下的定义和结论。换句话说,就是如何用形容词标签化一个人。正向的人格评价就是用好的形容词评价一个人,例如勤奋、正直、可靠、有进取心等正向的形容词。对孩子进行正向的人格评价,可以达到强化孩子优秀特质和引导孩子产生优秀特质的效果。也就是说,父母长期的正向评价,可以让孩子接受并要求自己成为被评价的样子。例如，如果经常对自己的孩子说："你是妈妈心中的第一名，妈妈相信你是品学兼优的好学生"，孩子慢慢就会接受这个评价，同时会在心中要求自己成为品学兼优的学生。在这种心理形成之后，如果孩子考试没考好，或者做的事情不符合"品学兼优"的评价，自己就会感到惭愧。

相反，如果父母对孩子的评价都是负面的，让孩子听到的都是带有侮辱性和贬低性的人格评价，那么孩子就会在心里慢慢接受这些评价，进而对自己的要求变得越来越低，最终形成"我就这样，无所谓"的心理。也就是说，父母对孩子的评价越低，孩子对自己的要求也就越低。例如，如果经常说自己的孩子是笨蛋、学渣，教了很多遍都学不会，孩子听多了这样的评价后，自然也就认定自己是不聪明的，学不会、考不好也就是正常的。即便孩子考出再差的成绩，他都会感到心安理得，因为他对自己没有更高的要求，认定了"我是个笨蛋，笨蛋考这个分很正常"。这就是很多孩子没有羞耻心的原因。

所以，父母只有觉察并且改掉不尊重孩子的行为和对孩子的负面人格评价，才能避免破坏孩子的高自尊。

避免破坏孩子的美好感受

很多父母希望自己的孩子拥有积极的人生态度，但是不知道如何帮助孩子形成积极的人生态度。其实一个人是否拥有积极的人生态度，主要取决于童年时期与外界互动的过程中产生的感受。如果一个人在童年时期的感受都是美好的，那么他看待世界的眼光往往都是积极的、正面的，自然也就能形成积极的人生态度。

我们都听过一句话："幸福的人一生被童年治愈，而不幸的人用一生治愈童年。"这句话充分说明了童年的记忆对人一生的影响。本节提到的美好感受，指的是孩子对整个童年的感受。可以说，童年的美好感受是孩子形成积极人生态度的基础，它可以带给孩子豁达的心态、宽容的态度、友爱的品质和进取精神。

孩子的美好感受是怎样产生的呢？下面通过两个具体的场景对比来理解。

场景1：5岁的明明按照自己的想象画了一幅家庭成员抽象画，非常开心和兴奋地拿给爸爸看。爸爸看到孩子把自己画得完全变形了，整个画面很不协调，并没有质疑明明的画画水平，而是开心地笑了起来，还和他一起讨论画里的每个人，同时表扬明明很有想象力，还把妈妈叫过来一起欣赏。最后他们把这幅画装在镜框里挂在了客厅的墙上。

场景2：上小学二年级的龙龙，是一个特别喜欢剪纸艺术的小暖男。在爸爸生日那天，他花了2小时用剪纸给爸爸准备了一个生日礼物。看着自己做好的剪纸，他很期待看到爸爸收到礼物时开心的样子。爸爸因为加班很晚才回家，他就一直等着，妈妈劝他睡觉也不睡。看到爸爸进门，他高兴地跑过去送上了自己的礼物，并且对爸爸说了一句"爸爸生日快乐"，然后满眼期待地看着爸爸。结果爸爸看着手里的剪纸说了一句:"这是什么啊!一个男孩子天天搞这些干什么?这么晚还不睡觉,你今天作业写完了吗?"听到爸爸的这句话,龙龙一下子从开心变成了失落,默默地走回了自己的房间。

这两个场景在生活当中应该是比较常见的。两个场景中的孩子最初都是因为自己完成了一件作品而感到开心。不同的是,第一个场景里的父母接纳和欣赏了孩子的作品,并且放大了这个作品带给孩子的开心,把它挂在了墙上。整个过程给孩子带来的感受都是非常美好的,而且这段欣赏画作的时光也会成为孩子的美好记忆。第二个场景里的爸爸表现出的则是不接纳和不欣赏,甚至是嫌弃。这种对待孩子的态度无异于对孩子的热情泼了一盆冷水,孩子的美好感受一瞬间就被破坏了,而且这个场景极有可能在孩子心中留下一个非常消极的印记——即便是自己的用心付出换来的也是别人的不喜欢。

通过上面的场景对比,我希望父母理解,孩子产生美好感受的过程其实都很简单,可能是享受做一件喜欢的事情的过程,也可能只是一个简单的场景和瞬间。父母只需做到允许和接纳,就能让孩子感受到这份美好。可能有的父母会问是否孩子做错事也不能批评,其实这两者不相互影响。做错事的时候不可能出现美好感受,之所以会出现美好感受,就说明没有其他不好的事情的影响。除非父母在孩子开心的时候翻旧账,破坏当下的美好感受。

其实导致父母破坏孩子美好感受的原因,主要是父母身上存在三大问题:

第一,保守传统的思想和消极负面的信念。

当父母的思想极其保守和传统时,面对孩子的行事风格就会比较古板,总是"端着"架子,拥抱一下孩子都会觉得别扭,很难说出"喜欢"和"爱",在生活中根本不注重"仪式感"。孩子在这样的父母面前,往往都是紧张的、拘束的、不敢释放天性的。消极的信念会让父母经常唉声叹气,遇到事情总是怨天尤人,看问题的角度总是负面的,所以传递给孩子的也都是"你不行""你不可以""你做不到"。孩子在这种信念的影响下,只会形成消极的信念,根本谈不上美好感受。

第二,自以为是。

自以为是的父母第一大表现就是"必须听我的",认为全世界就自己最正确;第二大表现就是拥有强烈的控制欲,想要掌控孩子的一切。孩子在自以为是的父母面前通常都活得像一个提线木偶一样,服从命令、听话照做是他们必须做到的,这样的孩子怎么可能产生美好感受呢?

第三,狭隘的心理。

存在狭隘心理的父母,其气量、见识、心胸都比较狭小,看不惯孩子放松和随性的状态,甚至会和孩子赌气、记恨孩子,经常斤斤计较。可以说,狭隘的心理对孩子美好感受的破坏是最大的。

以上三大问题是每位父母都需要觉察的,承认并接纳自己存在的问题,才有可能避免继续破坏孩子童年的美好感受。否则,孩子就会呈现出如履薄冰、战战兢兢、放不开的状态，最终需要孩子用一生来买单。

避免破坏孩子的外在关系模式

这里的外在关系模式指的是孩子与和自己以外的人建立关系的方式，它直接影响孩子的社交过程。正常的外在关系模式是可以自然地和他人建立和谐、良性的关系，不卑不亢。但是，在现实生活中，很多人不能与他人建立良性的社交关系，其根本原因就是在外在关系模式形成的过程中受到了外界的破坏。一个人外在关系模式主要形成在未成年以前，也就是说家庭对外在关系模式的影响最大。

孩子会根据父母对待自己的态度，判断外界对待自己的态度。同样，孩子也会基于父母和自己的互动方式，形成与其他人互动的方式。一般情况下，父母只要尊重孩子的独立人格，经常和孩子互动，关注和重视孩子的感受，同时给孩子表达自己感受的机会，孩子就能形成正常的外在关系模式。但是，有两种极端的做法会破坏正常外在关系模式的形成。

第一，父母过度控制，不关注孩子的感受。

对孩子过度控制的父母，要么比较强势，要么喜欢包办一切。强势的父母会要求孩子完全听从自己，一旦孩子做不到就会批评和指责孩子，很少顾及孩子的感受。这种情况下，孩子就会形成被动接受、不敢拒绝的关系模式。包办的父母，会经常否定孩子，让孩子没有自主的空间。这种情况下,孩子会形成逆来顺受、不敢表达的关系模式。

这两种类型的父母都是在压制孩子的自我感受和自我意识。孩子在父母这里只学会了在关系模式中关注对方的要求和感受,完全忽略了自己。到了学校或者陌生环境,孩子也会呈现出不敢拒绝和不敢表达想法的模式。比较典型的表现就是,被同学占便宜不敢拒绝,被同学欺负不敢反抗,在集体活动中不敢发言,只是随大流,没有存在感。

2017年暑假,我接待了一位来自广州的妈妈,她就是典型的过度控制型家长。她对待自己的儿子不仅包办一切,而且非常强势,孩子作业写不好不是打就是骂。无论什么事,她都要求儿子必须按照自己的意思做。据她自己讲,她从来没有关心过孩子的真实想法。因为家里还有一个老二需要照顾,几乎没有时间和儿子单独聊天,所以她也从来没有倾听过孩子的想法。直到她听了我的线上课程,才开始做出调整,专门花时间和孩子聊天,听孩子讲学校的事情。让她感到震惊的是,和孩子聊天,她才了解到孩子上小学三年几乎没有交到过朋友,还经常被同学欺负,甚至多次被勒索。而她的儿子每次都不敢反抗,也不敢对老师和父母说。因为孩子觉得对妈妈说了也可能会挨骂。

像案例中的这个孩子,就属于没有形成正常的外在关系模式,因为妈妈长期的强势性格导致他在家里没有表达自我感受的机会,时间长了也就形成了默默被动接受的模式。到了陌生环境，他更加不敢表达和反抗，最终形成了事事隐忍的性格。

第二，父母过度溺爱，不表达自己的感受。

溺爱孩子的表现一般都是由着孩子的性子、惯着孩子，把孩子的需求放在第一位。可以说，这是一种对孩子超出正常范围的爱护。溺爱对孩子的直接影响是形成以自我为中心的关系模式。由于父母对孩子的一切要求都让步，完全不考虑是否合理，凡是孩子的需求都满足，孩子就不会懂得为家里人着想，也不会顾及父母的感受。一旦孩子形成了这种关系模式，走向社会也会用这种模式对待其他人，但是其他人没有义务惯着他，而且还会反感他。这种情况下，孩子很难与人建立正常的社交关系。下面分享一个比较有代表性的案例。

2019年的暑假，在南京的线下训练营中，有一个来自上海的四年级女生，她几乎从上学开始就和同班的所有男同学都有矛盾。在我讲课的过程中，就能听到她在和班里的一个男同学对骂。课间助教给我的反馈是，这个女生与女同学还可以正常交流，但不知道为什么就是和男生相处不来，基本上和哪个男生说话都很不客气。

下午，需要父母和孩子一起做一个练习。因为这个女生的妈妈要照顾两岁的弟弟，就让爸爸和孩子一起做。我看到这个爸爸还没走到女儿身边，女儿就大声地对着爸爸吼："你过来干什么？不需要你配合，你出去！"她的声音很大，完全不顾及周围人的存在，那个爸爸的反应却是一脸尴尬地站在那里不知所措。当时我觉得这个爸爸和孩子的关系肯定有问题。

课程结束，这个女生的妈妈就向我咨询女儿的问题。据她讲，孩子的爸爸在家对女儿太宠了。因为老二出生后身体不太好，妈妈就把主要精力放在了弟弟身上，几乎不关心女儿。爸爸觉得对女儿有所亏欠，所以就有了补偿心理，对女儿忍着让着，甚至女儿在家直接喊他的名字他都不生气。久而久之女儿对爸爸的态度就成了今天这个状态。

上面这个案例中的女生无法和男性建立正常的关系模式，其根源就在于她的爸爸。爸爸在家里完全不像一个爸爸，倒是像女儿的一个听话的仆人。爸爸是女儿生命中遇到的第一个男性，她会在很大程度上依据和爸爸的互动方式建立对男性群体的认识，和爸爸的互动方式也会成为她与其他男生的互动方式。

因此，我希望每位父母都能重视孩子正常关系模式的建立。父母需要做到的是把孩子当作一个独立的"正常人"来对待，不过度控制，也不过度忍让，既关注孩子的感受，同时也能适度地表达自己的感受和情绪。和孩子在相互尊重的前提下互动，才能帮助孩子建立正常的外在关系模式。

> **试一试** **觉察错误做法**

反思自己在日常生活中的表现，觉察自己的哪些错误行为破坏了孩子的自信心、主动性、高自尊、美好感受以及外在关系模式。

觉察的结果：成为合格的父母

如何成为合格的父母，是大家都很关心的问题，也是我们本章学习自我觉察要实现的目标。如果通过前文的学习，你掌握了觉察的方法，并且能够做到及时反省和调整自己的错误做法，那么就已经具备了成为合格父母的基础。接下来，就需要弄清楚合格父母需要具备哪些特质，按照这个标准要求自己，就可以真正成为合格的父母了。

我们一般把具备教练型特质的父母称作合格父母。普通父母和教练型父母最大的区别就在于，普通父母不需要学习，有了孩子就自动成了"父母"。大多数普通父母养育孩子都是凭个人感觉，合不合格没有统一的标准。即便在教育孩子的过程中出现问题，也没有人可以剥夺"父母"这个身份。父母是孩子的监护人，负有教育孩子的责任，很多不懂教育的父母算不上合格的父母。教练型父母就相当于是合格父母的标准。

那么，怎样才能成为"教练型父母"呢？下面将通过两部分内容为大家详细解答。

合格教练具备的三个核心能力

本书中提到的"教练型父母"指的是父母要像合格的专业教练一样养育孩子。

02 觉察自己的错误做法

何谓合格的专业教练？我们可以参照专业的健身教练来理解。一个合格的健身教练，首先，自身要具备健美的身材和基本的素养，只有具备了这两点，才有可能让人尊重他的教练身份；其次，要懂得专业的教学方法，能够教会各种水平的学员，让学员愿意配合训练；最后，在学员受到打击时能够激励学员，帮助学员完成训练动作。基本上，所有类型的教练只要具备以上三点，都可以称得上一个合格的专业教练。

合格教练的三个核心能力

总之，一个合格的教练需要具备三个核心能力，第一，获得尊重的能力，只有获得了尊重，才有可能教别人；第二，因材施教的能力，只有会教，学的人才愿意学；第三，激励带动的能力，是人就有惰性，教练不会激励，学的人就很难取得成功。

怎样成为"教练型父母"

在人生中,获得任何身份都需要先学习相关专业技能,似乎只有父母这个身份是没有经过学习就可以"上岗"的。其实要想真正成为合格的父母,也需要掌握相关的"专业技能",也就是要具备教练型父母的三个核心能力。

第一,获得尊重的能力。

获得孩子的尊重是父母在生活中影响和教育孩子的基本前提。作为父母,如果不能让孩子尊重自己,那么孩子不仅会把父母说的话当耳旁风,还会藐视父母,对父母恶语相加,甚至会出现伤害父母的恶性行为。要想获得孩子的尊重,至少要做到两点:第一,有良好的品行素养,在行为举止上成为孩子的好榜样;第二,尊重自己的孩子,把他当成一个独立的人对待,不对孩子恶语相加,也不过分迁就。一般能够做到这两点的父母都可以获得孩子的尊重。很多父母不相信自己的孩子还能出现不尊重自己的情况,其实这种情况时有发生,下面就是一个典型的案例:

上初中一年级的文文是一个非常努力上进的女孩,和妈妈的关系也非常好,但是特别不喜欢爸爸,甚至劝妈妈和爸爸离婚,觉得爸爸的存在很多余。在我了解了这个家庭的情况后,非常同情这个女孩。她的妈妈是一位大学老师,爸爸是一个游手好闲的人,对家庭没有责任感,几乎家里的所有开支都是靠妈妈一个人的收入。爸爸还经常在家里发脾气、爆粗口,对妻子和孩子都不尊重。文文小时候就经常被爸爸打骂,这种打骂很多时候都是毫无缘由的。有时候文文在家里读书,或者和妈妈讨论练习题,她的爸爸就会因为她们说话声音大而发火。文文的年龄越大,对爸爸的行为越反感,经常和爸爸对骂。

其实每个孩子都和案例中的文文一样,随着年龄的增长,都会对自己的父母做出评价,甚至会拿同学的父母和自己的父母做比较。父母在他们眼里越无能,他们就越感到羞耻。如果父母无能的同时还素质低下,对孩子不尊重,那么孩子就会非常厌恶父母,基本的尊重也就不存在了。

第二,因材施教的能力。

所谓因材施教,指的是能够根据孩子的性格特点和不同年龄阶段的需求,有方法、有技巧地教孩子。这里面包含了两个重点:一是需要懂孩子,了解孩子的想法和需求;二是懂技巧,能够用孩子愿意接受的方法教。关于懂孩子,我们在第一章已做了详细的讲解,掌握好这部分内容,相信每位父母都能读懂自己的孩子。最难的是懂技巧,很多父母教孩子的方式是比较生硬的,习惯性地站在成人的角度看待孩子面临的问题。

例如,给孩子讲数学题,很多父母就会有"这么简单你都不会"的心态。父母觉得题目简单,是站在自己的角度看问题,孩子不会才需要父母教,而教孩子的最终目的是让孩子学会并真正掌握,不是为了证明题目有多简单,孩子有多笨。

一旦父母有了"这么简单都不会"的心态,在教孩子的时候就

会情绪失控、不耐烦、发火,教的方式和语气会很难让孩子接受。下面这个案例中的爸爸就是一个典型的不会教的爸爸:

2016年的某天下午,我坐在一个咖啡店里等人,刚坐下2分钟,就听见隔壁桌的爸爸正在训孩子:"你仔细读读题,这一段话读不明白吗?"出于职业习惯,我就开始留意观察这一对父子。爸爸戴着一副眼镜,脸上写满了严肃,从他的整个着装能看出他是一个比较严谨的公司中层。小男孩10岁左右,坐在那里低着头写作业,还时不时地看一眼自己的爸爸。我能感觉到小男孩的紧张状态,整个人的注意力有一多半都在爸爸身上。

看着这个紧张的男孩,我正在猜测他的心思有没有真正用在面前的作业上,就听见"啪"的一声脆响,一个耳光结实地打在了孩子脸上。同时,听到这个爸爸怒吼道:"你没脑子吗?讲了多少遍,我刚说完,你又做错,你有没有认真听!"

当时,我看那个男孩扭过脸来,一脸惊恐和尴尬地看着爸爸,没有说话。那个爸爸又接着吼:"你看我干什么,重新写!"我当时看着那个无助的孩子,非常想和他的爸爸理论一番。但是我非常清楚,在那种场合我作为一个陌生人是没办法和他理论清楚的。可以确定的是,这个孩子的作业肯定是无法快速完成的。

案例中这个爸爸的讲题方式,会让孩子有非常大的心理压力,从而导致孩子在写作业的整个过程中都处于紧张状态。在这种紧张状态下,孩子会把关注点放在爸爸的情绪上,而不是专注在题目上面。所以，爸爸讲到的解题方法，他是无法真正吸收和理解的。即使爸爸讲很多遍，他都很难真正掌握。其实，无论孩子学做什么事情，如果父母教的方式是错误的，孩子就会像案例中的男孩一样，听不到、学不会。但是具备因材施教能力的父母，则完全不同。他们会有很有耐心，能让孩子在放松的状态下保持专注。在教的过程中，他们都是基于孩子的水平，说孩子能够理解的话，这样孩子才能听得懂。

情绪管理和沟通技巧都比较差的父母，通过阅读本书的第三章和第四章可以学到完整、详细的解决方法。

第三，激励带动的能力。

孩子从出生到成年，一定会遇到各种各样的问题，也难免遭遇挫折和失败。例如，考试成绩严重下降，比赛没有获得名次等。当孩子遭受打击时，父母最需要做的就是做孩子坚强的后盾，通过正确的激励给孩子补充力量，让孩子重拾信心，勇敢向前。如果做父母的不具备激励、带动的能力，那么孩子的抗挫折能力就很难建立，反而容易形成自我放弃和习惯性逃避困难的心态。激励带动的能力是合格父母必须具备的能力。下面具体讲一讲激励的方法。

根据孩子遭受打击后的心理状态，我把激励过程简化为四个步骤，分别是倾听、理解、鼓励和行动。

第一步，倾听。当孩子遭遇打击时，通常会产生很大的负面情绪，完整地倾听孩子说出事件本身给他带来的感受和想法，可以更好地了解孩子的情绪状态，同时也能起到帮助孩子避免情绪积压的作用。

第二步,理解。当孩子完整地说出他的感受和想法后,父母需要对孩子当时的感受表达理解,可以对孩子说:"发生这样的事情,你是不是很伤心,也很失落?妈妈(爸爸)很能理解。"当父母对孩子的感受表达理解和接纳时,孩子的负面情绪就能消解一些。

第三步,鼓励。孩子的情绪稳定下来之后,可以通过讲名人面对挫折的故事或自己的故事,让孩子明白"失败是成功之母"的道理,从而让孩子能够接受不好的结果,愿意重新开始。

第四步,行动。和孩子一起制订新的目标和具体行动计划,同时带着孩子实行每天的计划,并且孩子每有一个小进步,就给予及时的鼓励。

需要特别说明的是,以上四个步骤只是激励、带动孩子的基本环节,针对孩子遭遇失败时的具体沟通技巧和案例分析在第四章会有详细的讲解。

试一试 成为"教练型父母"

1. 觉察自己是否具备合格的教练型父母的三个能力,看看自己做到了哪些,没做到哪些。

2. 想一想,怎样才能成为合格的父母?

小结:我是怎样的父母

本章的主题是"觉察自己的错误做法",通过提升自身的觉察能力,不断觉察自身的错误做法,最终成为合格的父母。要想实现这个目标,就要按照自我觉察的方法不断地反省和调整自己。这就要求在阅读完本章内容后,结合自我觉察的方法对自己做一次整体觉察,为接下来努力成为合格的父母做好准备。

练习: 我是怎样的父母

要求: 根据第二章的内容,想一想自己是怎样的父母,要求必须包含以下四点:

(1)我的整体觉察是什么?

(2)我存在的问题和不足有哪些?

(3)我做得比较好的地方有哪些?

(4)通过阅读本章内容,我的成长是什么?

给家长的 21 个行动指南

导致情绪失控的主要因素

及时处理负面情绪

持续获得正面情绪

成为情绪稳定的父母

03 保持情绪稳定的方法

明晰自己的心理需求

高质量的亲子关系是建立在有效的亲子沟通基础之上的,父母在沟通中的情绪失控是破坏沟通有效性的直接影响因素。如果父母和孩子说话时经常发脾气,对孩子会造成直接伤害,最直接的两个后果是:第一,孩子容易成为暴脾气小孩,也会像父母一样经常情绪失控;第二,随着孩子自我意识的强化,孩子会拒绝和父母沟通。无论是哪个结果都会导致亲子关系的破裂。因此,情绪管理能力是每位父母都需要具备的能力。

一般认为,人类情绪功能的发育和发展是早于理智功能的。孩子从出生开始就具备了情绪能力,会用哭来表达饥饿带来的难受感。孩子大脑当中左右情绪的部分,在出生后就已经能够发挥作用了,我们可以称之为"情绪脑"。换句话说,新生儿在没有语言能力和理性思维时,都是通过"情绪脑"与外界互动的。大脑当中掌管理性思考的部分是前额叶皮质,我们把它称为"理智脑"。前额叶皮质的发育时间是比较长的,基本上17岁以后才慢慢发育成熟,并且"理智脑"在大脑结构中所占比例比"情绪脑"要小很多,但人类管理和控制情绪时的理性过程是由"理智脑"来实现的。

03
保持情绪稳定的方法

情绪脑 VS 理智脑

基于大脑的结构，我们可以通俗地理解为，情绪是天生的，而控制情绪的能力需要通过后天的学习形成，所以我们必须要用正确的方法不断地训练才能强化升级对情绪的管控能力。本章通过四部分内容分析情绪管理的原理，并讲解情绪管理的具体方法。

导致情绪失控的主要因素

父母经常情绪失控对孩子的伤害到底有多大？可能很多人没有想过这个问题。我们可以回想一下，当我们情绪失控时，是否会在孩子面前眉头紧锁、瞪大双眼，然后喘着粗气怒吼，说出的每一句话都是谩骂与指责，同时还会握紧拳头，使劲捶打桌椅，甚至会动手打孩子。这样的画面对孩子来说，应该可以称得上"恐怖"和

"吓人"了。如果把自己想象成一个孩子，每天都要面对这样的场面，你会不会觉得很"害怕"。

2020年下半年，一位北京的妈妈向我求助，这位妈妈当时非常焦虑，因为班主任老师说她的女儿在学校的一些表现像是有心理问题，希望我能给她的女儿做一次心理疏导。通过和她的女儿沟通，我发现这个女孩有很多负面情绪积压。据她自己说，妈妈对待她的方式就像一个"魔鬼"一样，只要看到妈妈她就会很紧张。

她说几乎妈妈每天都会对她发火，吃饭吃得少会训她，作业写错了会吼她，见到妈妈的朋友没打招呼也会被骂。可以说妈妈给她的印象就是不断发脾气。因为害怕妈妈发火，所以她遇到任何不好的情况、不开心的事情，都不敢和妈妈说，久而久之，就导致她心理积压了很多负面情绪。在学校和同学交往的时候，就会控制不住情绪，很多同学觉得她莫名其妙。

很多父母觉得对孩子发火是为了让孩子听话，或者为了改变孩子的错误行为。但是父母经常情绪失控，会让孩子对父母形成"脾气不好"和"不好沟通"的印象。一旦孩子对父母产生了这种印象，是不敢什么事都讲给父母听的，那么亲子之间的沟通就会出现阻碍。尤其是当不好的事情发生时，孩子本身就有负面情绪需要处理，又不敢和父母讲，情绪就会积压在心里，最后，要么通过乱发脾气释放出来，要么积压成心理问题。

父母掌握管控情绪的方法，就可以避免情绪失控，对孩子持续造成伤害。管控情绪的主要方法是通过发现负面情绪产生的原因，有针对性地处理负面情绪，然后学会持续保持正面情绪，减少负面情绪的产生，最后保持稳定的情绪状态。这样就能在面对孩子时少发火，甚至不发火。

负面情绪是如何产生的

有这样一个故事：一位老太太有两个儿子，都在集市上摆摊做生意，大儿子卖伞，小儿子卖布鞋。遇到晴天，老太太就担心大儿子的伞卖不出去。遇到下雨天，老太太又担心小儿子的布鞋生意不好。就这样，老太太一天到晚都是愁眉苦脸的，不是为大儿子发愁，就是为小儿子着急，每天都睡不着觉。邻居看着老太太的状态一天比一天差，就对她说："老太太，你真是好福气啊！下雨天，你大儿子的伞一定卖得非常好，而大晴天，你小儿子的布鞋又会非常畅销。不管晴天还是雨天，你两个儿子都有生意做，真让人羡慕啊！"老太太听了之后，顿时豁然开朗，从此再也不焦虑了，每天都乐呵呵的。

这个故事很好地解释了情绪变化的过程，同样一件事，看法和解释不同，就会产生完全不同的情绪。美国心理学家埃利斯创建的情绪 ABC 理论对此有更专业的解释。

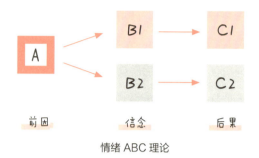

情绪 ABC 理论

上图中的 A 指的是事件，也就是生活中发生的事情；B 指的是信念，是一个人遇到事件 A 时，对此产生的看法、解释或评价；C 指的是当事件 A 发生时，人的情绪和行为表现。通常我们会认为，人的情绪是由于事件的刺激产生的，也就是由 A 直接产生了 C。但情绪 ABC 理论给出的解释是，事件 A 的发生只是引起情绪的间接原因，而人们对事件的看法和解释 B，才是引发情绪最直接的原因。也就是说，对于同样一件事 A 的发生，因为不同的看法 B，会产生不同的情绪 C。

小明和小强是同班同学，两个孩子学习成绩一直相差不大。期中考试成绩出来之后，小明和小强的数学都考了 95 分，两个孩子拿到成绩之后都很开心地回到了家。小明的爸爸看到成绩之后，很高兴地表扬孩子又进步了 5 分。但是小强的爸爸看到成绩之后却很生气，并且用指责的口气问小强"你怎么才进步 5 分啊！平时做题的时候，你不是都会吗？你们老师都说你是可以考满分的，考 95 分有什么可开心的？"

两个孩子同样是考了 95 分,小明的爸爸对成绩的看法是只要有进步就行,所以他看到孩子进步 5 分就很满意,也就产生了正面情绪。小强的爸爸对成绩的看法是没有考满分就不算优秀,所以他看到孩子只考了 95 分就很不满意,也就产生了负面情绪。对照上图来看,成绩 95 分代表的是事件 A,小明爸爸的信念"进步就行"代表的是 B1,小强爸爸的信念"必须考满分"代表的是 B2。由信念 B1 产生的情绪 C1 是正面的,而由信念 B2 产生的情绪 C2 则是负面的。由此可以看到,在生活中,父母对孩子产生的负面情绪,主要是由不合理的信念造成的。

所谓不合理的信念,指的是不遵循事物正确发展逻辑的信念,是建立在极端或者片面的认知基础上的。例如,孩子上一年级刚开始学写字,有些父母就认为孩子应该把字写工整,甚至必须写好看。这种"必须写好看"的观念就是不合理的信念。合理的信念应该是对孩子怎样写好字有正确的认识。孩子能不能写好字,首先取决于他的握笔力度和运笔的熟练度。如果一个孩子从来没有练习过写字,写不好是很正常的,因为只有专门花时间练习握笔和运笔才能写出好字。

像写字这样不合理的信念,在父母身上有很多。例如,别人家的孩子能考满分,自己家的孩子就应该考满分。别人家的孩子考满分是因为把知识点都掌握了,想让自己家的孩子也考满分,就应该让孩子努力掌握知识点,和别人家的孩子考多少分没有关系。

情绪 ABC 理论还指出,不合理的信念主要具备三个特征:

第一,绝对化的要求。

对孩子的所有事情都用绝对化的标准进行要求。例如必须考满分、应该懂事了、一定要听话。这些绝对化的要求之所以是不合理的,是因为孩子在成长过程中存在很多不确定性因素,更何况孩子的任何能力都不是天生自带的。孩子不是考试机器人,一出厂就装满了各种考试芯片;孩子也不是一个懂得人生道理的成年人,面对什么情况都能处理;孩子更不是一个提线木偶,让干什么就干什么。孩子不懂的需要有人教,不会的需要专门学。

第二,片面地判断。

以偏概全地下结论。例如,看到孩子一两次没有收拾自己的书包,就说孩子"总是"不收拾;看到孩子一次没有与长辈打招呼,就说孩子不懂礼貌。总之,把孩子偶尔出现的情况,直接定义为习惯性动作。这个世界上根本不存在绝对的"完人",没有谁是从来不出错的。父母教育的作用就是帮助孩子改变小错误,因为一两件小事直接下定义肯定是不合理的。

第三,消极的思想观念。

遇到什么事情都容易产生消极悲观的想法。例如,看到孩子和成绩差的孩子交朋友,就联想到孩子会学坏;孩子偶尔一次考试没考好,就担心孩子考不上大学,可能一辈子就毁掉了。也就是说,只要孩子出现不好的现象,哪怕是特别细小的失误,父母就会放大成特别可怕的后果,甚至在孩子没有出现任何情况的时候,就在害怕孩子会遇到各种不好的事情。消极的思想观念最容易导致父母产生焦虑情绪，也最容易导致父母在面对孩子时放大负面情绪。

总的来说，这三个特征是判断父母是否存在不合理信念的依据。为什么父母会产生不合理的信念呢？一方面是自己缺乏人生经验和关键知识，其中，绝对化的要求和片面的判断都和不了解孩子的成长规律和缺乏家庭教育专业知识有关；另一方面是自身受到了原生家庭的影响，尤其是消极的思想观念，主要和童年时的成长经历有关。

要解决这两方面的问题，首先需要父母更多地学习亲子教育的相关专业知识，减少因为知识缺乏而产生的不合理信念，然后需要通过正确的方法，避免受到来自原生家庭的负面影响。

解决情绪问题的基本思路

管控情绪的目的不只是避免发火，而是要保持正面情绪、成为情绪稳定的父母。要成为情绪稳定的父母，只调整不合理的信念是不够的。情绪的产生是有一个心理反应过程的，解决情绪问题至少要经过三个步骤：觉察—调整—稳定。以下是解决情绪问题的基本思路。

第一步，及时处理负面情绪，避免情绪爆发。

很多父母之所以对孩子发完火就后悔，而下一次还会发火，除了不合理信念的影响外，更重要的是对自身的情绪缺少觉察和刻意控制。也就是说，在发火这个动作产生之前缺少一个提醒自己暂停的动作，同时还缺少对已经产生的负面情绪处理的方法。父母要做的第一步就是通过写"情绪觉察日记"提升对负面情绪的控制力，以达到在情绪爆发前及时暂停的效果，然后再通过表达感受把负面情绪及时处理掉，从而避免负面情绪对孩子的伤害。

第二步，持续获得正面情绪，塑造积极心态。

父母的很多负面情绪几乎都是在孩子上学之后产生的，因为对孩子的成绩和未来充满焦虑。父母在学会处理日常负面情绪的同时，还要通过建立积极心态，来更多地获得正面情绪，以减轻焦虑对自己的消极影响。可以通过对自己遇到的各种事情进行"美好叙事"来建立积极的心态，同时每天以感恩的心态面对身边的事物。

第三步，调整信念，成为情绪稳定的父母。

完成前面两步之后，绝大多数父母能很好地避免负面情绪的影响，但是要真正成为情绪稳定的父母，就必须解决原生家庭带给自己的消极影响。消极思想的产生，通常是由于童年时"爱"的缺失形成了不安全感，所以第三步就要通过补充"爱的能量"来减少消极思想的影响。

试一试　找出自己的不合理信念

对照以往的表现，写出自己存在的不合理信念是什么。

及时处理负面情绪

对于父母来说，在孩子面前发火是一瞬间发生的事情，自己是很难控制住的。但是如果从心理状态的变化过程来看，发火这个行为只是情绪失控时的最后一个动作，发火的背后还有一系列心理反应的过程。通过分析一个实际发火场景，我们能更好地理解这个过程。

一位妈妈回到家，看到孩子把换下来的脏衣服扔得到处都是，当时就有一团怒火在心里升起，然后就对孩子发了一顿火。

这位妈妈的心理变化过程：首先，她有一个信念或需求是，孩子必须爱干净，每天脱下的脏衣服一定要放在指定的位置。孩子把脏衣服乱扔，这一点完全不符合她的心理需求。也就是说，当孩子的做法没有达到她的预期时，她就有了很差的心理感受，从而产生了"生气"这个负面情绪。然后，再加上一天的工作已经让她筋疲力尽，甚至还积压了一些负面情绪，这时孩子乱扔衣服的"坏行为"就成了情绪爆发的导火索，发火的动作就产生了，并且会责备孩子："说了你多少回了，怎么就不长记性呢？整天把家里搞得这么乱，我每天上班已经够累了，回来还要给你收拾！"

基于上面的分析，我们可以把情绪失控的过程简单地概括为：心理需求未满足—心理感受变差—负面情绪产生—脾气爆发。根据这个过程，及时处理负面情绪的过程是：觉察到负面情绪—暂停坏脾气—表达感受、获取理解—明确心理需求，这个过程是针对正在产生的负面情绪的应急解决方案，下面来讲解具体的方法。

通过"情绪觉察日记"提升情绪管控能力

暂停坏脾气是避免负面情绪伤害孩子的最关键一步，但是要想达到及时暂停的效果，前提是先能觉察到负面情绪的产生。虽然情绪失控会经历四个心理反应过程，但是从负面情绪产生到爆发仍然是瞬间发生的，所以要有非常敏锐的觉察情绪能力，以便第一时间觉察到情绪问题，然后及时提醒自己停下来。

记录"情绪觉察日记"是快速提升情绪觉察能力最有效的方法。"情绪觉察日记"的原理和"自我觉察日记"的原理是一样的，只是记录的方式和重点略有不同。写"情绪觉察日记"时，需要把一页纸从中间画一条线，分成左右两部分，左边记录"今天我没有忍住发火的事"，右边记录"今天我忍住没有发火的事"，然后在每一边最下面写出自己当天的反思。具体来说就是，当孩子的做法不符合自己的心理需求时，把自己的情绪反应详细记录下来。每一件事都要写明发生的时间和过程，同时对自己每一天的情绪做一次总结式的反省。可以参见下面的模板案例。

11月8日情绪觉察日记

今天我没有忍住发火的事	今天我忍住没有发火的事
1. 今天早上,我叫女儿起床,连续叫了三次,她只是答应马上起来,但是迟迟不动。眼看要迟到了,我非常着急,也非常生气。就跑到她的房间,猛地掀开她的被子,在她的小腿上狠狠地打了一巴掌,然后吼她:"都几点了,喊了你几遍了,马上就迟到了,心里没点数吗?"	1. 早上女儿起床之后,说时间来不及了,不准备吃早餐了,我当时就有点儿生气,心想早餐是最重要的一餐,怎么能不吃呢?以前,我肯定要发火的,但是今天突然想到刘老师书里讲的内容,就忍住了,只是给孩子准备了一份早餐奶让孩子带着路上喝。
2. 晚上陪女儿写作业,有一道题她不会,我就耐心地讲了一遍,然后让她自己做一遍,结果还是做错。我有点儿不耐烦了,但还是忍着给她讲了第二遍。结果还是不会,我实在太生气了,就没忍住,对着她吼:"你是什么脑子?讲了几遍了,你有没有用心听啊!自己做去吧!"	
我的反思	**我的思考**
1. 早上虽然通过吼的方式把孩子叫起来了,但是孩子早上情绪明显不好,可能会影响孩子一天的心情,我其实应该可以尝试更好的方式。 2. 晚上孩子没听懂,也许和我讲的方式有关系,骂孩子应该很伤害孩子自尊吧!	1. 发火之前停下来想一想,真的可以避免很多不必要的矛盾,我还需要更强的觉察能力,继续学习。

"情绪觉察日记"的记录要持续10天以上,在第10天做一次整体回顾总结,基本上就可以达到及时觉察负面情绪的目的了。

及时处理负面情绪的三个步骤

负面情绪对人体来说相当于"负能量",如果一直得不到释放和处理,积压久了不仅会伤害身体,而且可能以更大的"坏脾气"爆发出来,对孩子的伤害也会更大。

江西南昌有一位妈妈就有过情绪累积起来爆发的情况,她通过学习掌握了"情绪觉察日记"的记录方法,但是没有完整地掌握情绪管理的方法。原本她每天至少要和孩子发火三次,记录了一周"情绪觉察日记"之后,她确实做到了能够及时觉察负面情绪,并且每次觉察后都强忍了下来,一个月都没有对孩子发火。但是到了第二个月,她实在憋得太难受了,因为一件小事就在孩子面前爆发了。那一次发火空前严重,把她自己都吓坏了。

所以,情绪一旦产生,堵是堵不住的,而是要疏通。管理负面情绪并不是忍住不发火,而是要让负面情绪得到释放和处理。具体来说就是做到以下三步。

及时处理负面情绪的三个步骤

第一步，5秒暂停。

当我们觉察到自己想发火时，让自己先停下来，做三次深呼吸，然后在心里问自己两个问题：第一，孩子是不是故意气自己的？第二，这个时候发火能不能解决问题？

人在发火时，身体会产生一系列生理上的变化，如血压升高、心跳加快、肾上腺素激增，可以说整个身体都会处于紧张状态。通过深呼吸可以增加氧气的呼入、二氧化碳的呼出，从而让血压和心跳都平缓下来，达到让身体放松的目的。身体回到放松状态，大脑也就回到相对理性的状态。这个时候，再通过自我对话，问自己两个问题，怒气就能减少，整个人就可以平静下来和孩子沟通了。

第二步，说出感受。

在整个人平静下来之后，把自己当时的感受用情绪词汇表达出来，如"我很生气、我很伤心、我很失望"。例如，看到孩子把脏衣服乱丢，可以对孩子说："你把脏衣服乱丢，妈妈看到真的很生气。"这样的表达，一方面可以让孩子清楚地知道乱扔脏衣服会让妈妈感受不好，孩子的关注点会放在妈妈的感受上，另一方面能让孩子学会理解父母的情绪，也就是共情。而且这样的说话方式，是将重点放在自己身上，而不是指责和攻击对方，所以孩子听到之后不会反感，还会意识到自己的做法是错误的。最重要的是，当父母说出自己的感受时，如果孩子接受并理解了，那么父母的情绪也就释放了。

相反，如果看到脏衣服之后就发火，那么孩子首先会因为父母发怒的表情而感到害怕，害怕时的紧张状态又会让孩子不知所措。这时孩子的注意力会放在父母的坏脾气上，是无法关注并理解父母当时是什么感受的。而且父母的指责和侮辱性的语言必然会导致孩子的反感和对抗，孩子完全不会因为父母的发火而意识到自己行为上的问题，甚至会出现不耐烦的表情。当父母感受到孩子的不耐烦时，怒气就会跟着飙升。

所以，发火不仅不能让自己的负面情绪得到释放，还会刺激孩子产生负面情绪。这样对比来看，我们就更能理解说出感受的作用了。

第三步，提出需求。

把自己的需求告诉孩子，让孩子知道该怎么做。通常情况下，父母在发火时都是在发泄情绪、指责和埋怨孩子，极少告诉孩子应该怎么做。而发火的原因就是孩子没有达到自己的要求，如果不告诉孩子要怎么做，即便是打孩子一顿，问题还是得不到解决，可能孩子下次依然会犯同样的错误，因为他并不知道父母想让他做什么。所以在表达完感受之后，就要告诉孩子应该怎么做。

依然用乱扔衣服这件事举例子。"你把脏衣服乱扔，妈妈看到真的很生气。妈妈希望你能把脏衣服放到脏衣篓里去。这样家里看起来就不乱了，妈妈也会更开心。"这句话里的"把脏衣服放到脏衣篓里去",就是一个明确的做法,"妈妈希望"四个字表达的就是妈妈的需求。整个表达过程中不存在任何导致孩子负面情绪的因素,孩子就更容易接受妈妈说的话。只要孩子能接受和理解妈妈的感受,他就一定会按照这个明确的做法去做,而且这样的表达也更能让孩子记住脏衣服应该放在哪里,也就避免了孩子出现"屡教不改"的情况。

> 试一试　**情绪觉察日记**

1. 根据本节所讲的方法,尝试记录"情绪觉察日记"。

2. 尝试练习及时处理负面情绪的三个步骤。

持续获得正面情绪

　　如果把自己想象成一个孩子,而且有权利选择自己的父母是什么类型的,你会更喜欢哪种类型的父母?第一种类型,总是愁眉苦脸,唉声叹气,喜欢挑毛病,遇到事情就想到消极的一面,每天都有负面情绪;第二种类型,每天都笑容满面,和颜悦色,喜欢说鼓励的话,遇到事情总能想到积极的一面,总有正面情绪。

　　我想大家应该都喜欢总是有正面情绪的父母吧!毫无疑问,孩子也同样喜欢有正面情绪的父母。因为正面情绪可以让人更舒服、更放松,也可以给人带来力量。负面情绪则会让人感到压抑、紧张,甚至会给人带来伤害。那么也就意味着,父母应该每天都让自己保持正面情绪,保持积极的状态,以达到赋能孩子成长的目的。

情绪是基于对事情的看法、解释和评价而产生的,也就是说,只要能够用正确的方法调整对事情的看法、解释和评价,就能获得正面情绪。下面分享给大家两个可以保持正面情绪的方法。

学会对自己的生活进行"美好叙事"

如果留意观察自己遇到事情之后的反应,我们会发现,自己每次都会在心里对正在遭遇的事情进行描述和解释,就像讲述故事一样。例如,你今天回家时,发现自己的钱包丢了,你可能会想:"真倒霉,肯定是哪个可恨的小偷把我的钱包偷走了,里面有银行卡,还要花时间去补办,烦死了。"这段心理活动的内容,就是讲述自己故事的过程,在心理学上称作"自我叙事"。

"美好叙事"指的就是用更积极美好的方式讲述自己的故事,例如丢了钱包,可以这样讲述:"呀!钱包丢了,可能是我今天买东西的时候落在哪里了,也有可能是口袋太浅掉出来了。这提醒我要收好自己的贵重物品。还好钱包里没有现金,只有两张银行卡。幸亏丢的不是手机,要不然就损失大了。"

叙事心理学认为,人们是通过话语来建构自我的。任何一种体验，通过语言的建构才变得有意义。人格是在叙述中建构的。也就是说，每个人都是自己故事的讲述者，生活也是由一个又一个自己叙述的故事组成的。但是不同的叙事方式会带给我们完全不同的感受和情绪。

同样是丢了钱包，消极叙事会把自己描述成一个受伤害者，心理感受会很差，自然也就会产生极大的负面情绪。美好叙事则会让自己看到积极的一面，心理感受会比较好，也就比较容易产生正面情绪。而且，美好叙事不只是针对正在发生的事情，对于过去和未来的事情，也可以用美好叙事的方式进行讲述，从而让自己保持正面情绪。可以通过下面两个案例更好地理解"美好叙事"的作用。

案例1：通过"美好叙事"帮助抑郁症患者走出阴霾

2016年，我帮助过一名抑郁症患者——小米（化名）。小米当时是北京某高校的硕士研究生，即将面临就业问题。以她的个人能力完全可以找到很好的工作，而且已经通过了两家公司的面试。但是她对自己的未来充满恐惧，甚至觉得自己的人生没有意义。究其原因，她有着一个不堪回首的童年。据她讲述，她出生在农村，在她8岁那年，父亲因为和母亲的一次争吵服毒自杀了。

父亲去世后，母亲一个人很难养育三个孩子（她有一个姐姐和一个弟弟），于是在一年后，母亲就为她们找了一个继父（入赘）。小米从小就是个倔强且独立的孩子，父亲的离开让她一直怨恨自己的母亲，继父的到来让她产生了更加严重的对抗情绪。小米心里非常排斥那位继父，不愿意叫他爸爸。当时继父还因为小米不叫爸爸，赌气离开过这个家。母亲的做法则是，逼迫小米到继父家里下跪请求他回来。

这一系列事件都在小米的心里留下了深深的创伤。她怨恨母亲，不仅因为父亲的离开，而且她认为母亲给她们找来了一位让人讨厌的继父，根本没有考虑她们的感受，同时她也为父亲感到委屈，觉得他死得不值。所以，她一直刻苦学习就是为了考上大学，逃离这个家。小米说自从父亲去世之后，到上大学，她没有一天是快乐的。

通过小米的讲述，我完全理解这段童年经历对她的伤害。过早懂事，加上倔强的性格，让她完全站在自己的立场给父亲的死下了评判，甚至把母亲定义为一个施加伤害的角色，自己也一直固执地停留在受伤害和不被爱的角色中。

于是在第二次咨询中，我尝试引导小米重新看待这段童年经历：

"你的父亲自然让人感到惋惜，但是死是容易的，留下的人却要承受更多。在你父亲去世后，你的母亲不仅要考虑三个孩子的养育问题，还要面对村里人的闲言碎语。如果她是一个不负责的妈妈，完全可以把你们交给叔叔、伯伯，独自改嫁，但是她没有这样做。在农村带着三个孩子改嫁几乎是不可能的，选择让继父入赘，既可以减轻她养育三个孩子的压力，同时也能保证你们都不用改姓，这里面应该有你母亲对你父亲的愧疚。

"也许你的母亲不太会用语言表达对孩子的爱和关注,可是她的确是用行动为你们支撑起了一个相对完整的家。如果你的母亲真的不关心你,你的继父也不关心你,那么他们绝对不会支持你一直读到大学。培养一个大学生,对一个农村家庭来说压力还是很大的。更重要的是,你一直用对抗的情绪面对家里人,来到北京之后也极少和家里人联系,对此你的母亲也并没有埋怨你。就整体的结果来看,家里是一直给了你爱和支持的,而你却一直没有理解和原谅自己的母亲。选择原谅才能让自己从受伤害的角色中走出来。"

听完我对整个故事的重新叙述,小米在咨询室里歇斯底里地哭了出来。我知道她理解了母亲,同时也放下了。两周以后,小米在电话里给我反馈了她的状态。她说自己像变了个人一样,爱笑了,也轻松了。她也和妈妈通了几次电话,决定回老家待一段时间。后来,小米找到了一份满意工作,也结了婚。

由于篇幅的限制,我无法把小米咨询过程中的全部内容都呈现给大家,需要补充的是,小米在整个童年里,身体上没有遭受过严重的伤害,心理上也没有过类似于"被遗弃"之类的直接创伤。她经历最多的可能是母亲的埋怨、谩骂和指责。也许是因为她倔强的性格,她和家里人的冲突次数是最多的,她也觉得母亲和继父更讨厌她。但事实是,她倔强的性格,也让她获得了更多经济上的支持,因为姐姐和弟弟都没有上完初中。

整体来看，小米的心理问题主要产生于她对父亲去世和父亲去世后一系列事情的解读和评判。换句话说，是她讲述童年故事的方式让她成为一个受伤害者。所以在改变了叙事方式之后，她也就慢慢走出了原生家庭的创伤，重新建立了积极的人生信念。每个人都可以通过调整叙事方式，来改变原生家庭对自己的负面影响。

案例2：通过"美好叙事"实现自我救赎

这是发生在我自己身上的一段亲身经历。7年前，我在积累了200多份家庭咨询案例之后，和一位从业十几年的前辈一起创业，注册了一家专门做亲子教育培训的公司。当时，我怀着满满的教育情怀，抱着立志要帮助中国家庭改变教育问题的理想，高兴地开始了第一次创业。但是仅仅一年，公司就经营不下去了。在决定注销公司的时候，那位前辈说，中国的家庭教育还不能很好地市场化，也就是说，选择家庭教育方向创业是很难成功的。听到她的这个结论，我受到了巨大的打击。

当时我给自己定的人生目标就是要做好家庭教育事业，创建中国自己的家庭教育理论，但是如果市场不存在，也就意味着我的事业基础不存在，我就必须考虑转行的问题。如果转行不做家庭教育，可能就要放弃之前所有的积累，从零开始做别的行业。这是我完全不能接受的，该怎么办呢？方向在哪里？

这是我在公司注销后对自己未来"故事"发展的推演和叙述，

也因为这样的叙事过程,我持续一个月处在严重焦虑的状态下。之后,我开始走出去参加企业经营相关的培训,然后又跑到广州、深圳、杭州等地寻找家庭教育同行交流。之后,我发现虽然家庭教育行业还不成熟,但是也确实存在做得不错的家庭教育类企业。基于此,我用"美好叙事"的方式重新对自己的事业发展做了一次描述。

首先,我认为自己创办的第一家公司的失败不完全是一件坏事,它让我明白了为什么失败。两个做专业内容出身的老师创业,缺乏商业思维,再加上有这样的情怀——提供自己认为最专业的内容,这本身就是无视市场需求的行为,所以失败几乎是必然的。庆幸的是,验证错误只用了一年时间,并由此发现了失败的根本原因,为下一次创业避免了很多风险。这也让我想到很多著名企业家都是在失败中走向更大的成功的。我相信只要吸取了第一次失败的经验教训,下一次就有成功的可能。

其次,我国的经济发展趋势好,而经济发展到一定程度就会更追求精神文明建设。2010年,国家七部委就联合发布了《全国家庭教育指导大纲》,2012年年初又发布了《关于指导推进家庭教育的五年规划》,这就意味着家庭教育已经成为国家关注的重点之一,趋势是非常好的。

最后,从服务内容上来讲,我通过几年的努力,已经积累了几百个成功案例,也验证了所掌握的方法论是可以帮助家庭解决问题的,只是需要基于市场需求重新设置课程的呈现形式。同时继续学习深造，不断在实践中总结经验，更好地提升专业水准。而且互联网的快速发展也为知识的传播提供了更多的便利条件，只要招到相关的专业人员做运营和市场，推广的问题就能得以解决。基于此，实现家庭教育事业理想是完全有可能的。

完成了上面的美好叙事，我一下子就豁然开朗了，整个人也充满了信心和斗志。在准备了一个多月之后，就开始了第二次创业，截至写下这篇文字，我的网络课程收听量已经突破了2000万人次，线下培训人数也已经上万，在行业内的影响力也在逐年上升。我有信心在接下来的10年里帮助更多的家庭解决问题。

通过我的案例，希望阅读本书的读者能够理解"美好叙事"在未来事情发展中的作用。在生活中，每个人都免不了遭遇挫折和失败。当面临失败的时候，如何叙述失败后的故事发展方向，直接影响着我们当时的状态和即将展开的行动。积极地面对是一种方式，消极地放弃也是一种选择，但是结果可能是天壤之别。一次失败不等于永远失败，孩子一次考试失利，也不等于一直成绩差。父母需要做的是和孩子一起积极面对，找到成绩差的原因，帮助孩子逐步提高成绩。实现成绩进步的前提，是先给自己和孩子讲述一个成绩可以提高的故事。

总之，要把"美好叙事"应用到生活中的方方面面，改变看待过去、现在和未来的方式，让自己时刻保持美好的正向信念，生活也会更加美好。

以感恩的心态面对生活中的一切

感恩这个词,想必大家都不陌生。每位父母都希望养育懂得感恩的孩子,每家企业都在培养懂得感恩的员工。但是感恩的真正作用远远大于我们的想象。可以设想一下,当你感恩一个人时,你会想:"他支持我,他给了我很多照顾,他是爱我的,我从他那里得到了很多。"想到这些你是不是会很开心?

当我们主动感恩时,首先关注的是恩惠、获得。在感恩的过程中会把自己定义为获得"恩惠"的一方,也可以称作"被爱"和"被照顾"的人。这个时候自然会产生满足感和幸福感,也一定会产生积极的正面情绪。可以说,习惯感恩的人,内心一定是宁静和谐而充满力量的,他身边的人也一定会感觉很舒服。

相反,如果不懂得感恩,遇到事情就会计较得失。可以再设想一下,当你抱怨一个人时,你是否会想:"他欺负我,他伤害了我,他给我的不够多,我绝对吃亏了。"想到这些你是不是很生气?当我们计较得失的时候,关注的重点就会在"失去"上,在计较的过程中会把自己定义为有"损失"的一方,自己也就成了"被剥削"和"被伤害"的对象。这个时候自然就会产生极强的失落感,紧接着负面情绪也会油然而生,抱怨和发脾气就在所难免了。

在生活中,习惯计较的人,内心一般都是狭隘而沮丧的,待在他身边的人也会感到很不舒服。如果父母这样,那么就会把整个家庭带入"低气压"的状态,破坏整个家庭的幸福感。当然,习惯计较的人只是少数,大多数父母只是在遇到一些事情的时候,不自觉地产生计较心理。

例如,在一个下雨天的晚上,家里没有了食材,你也不想出门买菜,就在网络平台下了一个外卖订单。平台显示半小时送到,但是因为下雨,比预计时间晚到了20分钟,而且送到的饭菜已经不是很热了。面对这样的情况,有的人就会抱怨:"怎么送这么慢,饭都凉了,让我怎么吃啊!我一定要给你个差评。"这样的抱怨就是因为关注的全是自己的损失,同时这样的抱怨至少会伤害两个人。一个是自己,本来可以开开心心地吃顿饭,现在要带着一肚子气吃饭,可能一个晚上的情绪都不好;另一个是外卖员,他当时可能因为晚了20分钟正在感到不好意思,结果又被埋怨了一通,加上可能会被差评,就会非常沮丧。当然很有可能你身边的人也会受到负面情绪的伤害。

如果用感恩的心态对待这件事就完全不一样了。你可以想,外卖小哥冒着大雨把饭送过来,避免了自己冒雨出去,也省了自己做饭的过程,而且下雨天肯定有很多不便,即使自己出去,也很有可能堵在路上。外卖小哥来的路上一定是克服了种种困难的,何况他满身雨水地把饭送到门口,还一个劲儿地为晚到表达歉意。想到这些,你一定能感受到自己获得了外卖小哥的帮助,也一定不会产生负面情绪了,也许你还会对外卖小哥说一声:"谢谢,辛苦了!"这个时候你会感受到感恩带来的幸福感,会很开心。外卖小哥也会因为得到你的理解如释重负地离开,甚至在回去的路上,因为你的一句谢谢而感到很温暖。更重要的是，你这样的做法也会让孩子学会宽容和大度。

可能有的人会觉得，自己花钱买的服务，他做得不好，难道不应该计较吗？计较是我们的权利，但生活是自己的，情绪也是自己要承受的。看似用金钱买来了计较的权利，但因计较产生的负面情绪和负面情绪带来的伤害，是得不偿失的。总之，无论如何都不应该用别人的错误来伤害自己。尤其是作为合格的父母，我们的目标不只是减少负面情绪，还要保持正面情绪。养成感恩的习惯，能够让我们保持正面情绪。

怎么才能养成感恩的习惯呢？简单来说，最好的方式就是写"感恩日记"。每天晚上睡觉前，可以回顾一天中发生的事情和接触的人，想一想在每件事中自己获得了什么，然后对自己的"获得"表达感恩，同时全部写在纸上。需要特别强调的是，主动思考自己获得了什么是非常重要的一个动作，因为这个动作是在调整我们的关注重点，提升正向信念，而写在纸上的过程是在明确和强化自己的获得感，同时也是在促进感恩习惯的形成。坚持书写感恩日记，一段时间之后，感恩就会成为习惯，这个时候就不需要再用笔去写了。在我的线下训练营中，有很多父母通过坚持写"感恩日记"改变了自己的焦虑情绪，和孩子的关系也变得融洽了。

我为这本书的出版写一下自己的感恩，也为大家提供一个借鉴模板。

我感恩出版社编辑的耐心审稿和校稿,才让这本书顺利地出版。

感恩我们团队的邱雅立和燕欣为本书精心绘制的插画,提升了本书的可读性。

感恩每一位正在阅读本书的读者朋友,你们的信任和支持给了我更多写作的动力。

感恩我的爱人白洪梅女士,在写作过程中给予我的鼓励和支持。

感恩每一位找我做过咨询服务的家长,是你们的信任让我在亲子教育工作的实践中收获更多。

> 试一试　**美好叙事**

1. 用"美好叙事"的方式给自己的未来描述一个积极正面的故事,或者选择一段童年经历进行"美好叙事"。
2. 写一篇"感恩日记"。

成为情绪稳定的父母

情绪稳定的父母表现为不轻易发火,并且能够掌控自己的情绪。不轻易发火是因为极少产生负面情绪,能够掌控自己的情绪是因为可以及时调整和处理负面情绪。调整和处理负面情绪的方法在前文已经介绍过,要想成为情绪稳定的父母,还需要减少负面情绪的产生。在情绪 ABC 理论中,消极的思想观念是最容易导致父母产生焦虑情绪的,也最容易导致父母在面对孩子时放大负面情绪。消极的思想观念又源于在原生家庭中形成的"不安全感",因为根植于内心深处的"不安全感",会让自己对身边的一切事物产生"危险性"的判断。怕出问题、怕不好的结果发生,这种"怕"就是产生焦虑情绪的直接原因。

换句话说,很多父母产生负面情绪的深层原因就是"不安全感",那么不安全感又是如何产生的呢?简单来说,是"爱"的缺乏导致的。如果一个人童年时期的感受是不被重视、经常被忽略,甚至被遗弃和被区别对待,那么这个人的童年就是缺少"爱"的滋养的。这种爱的缺失会让一个人在童年时期没有归属感,也就是没有安全感。整体来说,要成为情绪稳定的父母,就必须解决如何被爱的问题。

生命中四大关系的影响

如果问一个人生命中最重要的关系是什么？可能会有很多不同的答案。但是，如果为人父母，那么有四大关系对我们的影响是比较大的，分别是和父母的关系、和爱人的关系、和孩子的关系、和自己的关系。只有理解了这四大关系在生命中的作用和产生的影响，才能更好地解决如何被爱的问题。结合下面这张图，我来对这四大关系做详细的解读。

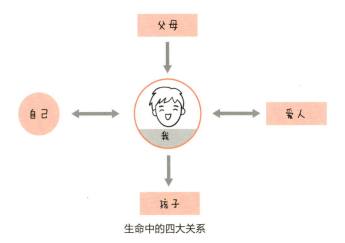

生命中的四大关系

1. 和父母的关系

和父母的关系是人类生命中形成的第一个重要关系，我们也可以把它称作"子亲关系"。"子亲关系"的作用是帮助我们形成对世界最初的认识，形成最基础的价值观。因为在成年之前，我们都是要依赖父母的养育才能生存的,所以就关系的结构模式而言,"子亲关系"通常是自上而下的纵向关系,所有的信息都是由父母强势输出给孩子的。也就是说,子女在这段关系里是被动接受者的角色,父母是这段关系的主导者。孩子从父母那里收到的是爱还是伤害,完全取决于父母的个人风格和教育方式。作为子女是没有能力选择的。

如果父母特别爱孩子,能够很好地关注孩子的需要,花大量的时间陪伴孩子,那么通常孩子在父母那里得到的是爱的滋养,安全感也是被满足的。相反,如果父母不会表达爱,只会挑剔指责和提要求,让孩子感受到的是不被喜欢和不受重视,那么孩子在父母那里获得的爱就会比较少,自然不会有安全感。这里的不安全感是指,当觉得父母不喜欢或不重视自己的时候,会在原生家庭中找不到自己的位置,会觉得在这个家里是不重要的、可有可无的。家是每个人最初的安全感来源,如果家里没有了自己的位置,自然也就没有了安全感。

心理学家埃里希·弗洛姆(Erich Fromm)认为,只有真正独立和完整的个体才会拥有爱。我们也可以把这句话理解为,不拥有爱的人是不完整的个体。爱是一个人心理能量的来源,是形成积极心态的基础条件。父母是每个人获得爱的第一个渠道,如果在父母那里没有获得足够多的爱,那么很大程度上就会产生爱的匮乏感。而且,成年人在原生家庭中造成的这种爱的匮乏感一旦成为既定事实,是无法从源头根本改变的。所以,很多成年人就会在自己可控制的关系里不自觉地索取"爱",这又会对其他重要关系的建立产生破坏式的影响。

2. 和爱人的关系

和爱人的关系也就是夫妻关系。夫妻关系与子亲关系最大的不同在于,它在结构模式上是一个横向的平等关系。也就是说,正常的夫妻关系中不存在谁应该主导谁的问题,本质上是两个心智成熟的独立个体建立的平等关系。两者只有在彼此保持独立的同时,相互支持、相互理解、相互爱护,才能建立和谐的亲密关系。这也是婚姻需要夫妻双方共同经营的原因。但是,在现实的婚姻中,很多人会通过在夫妻关系中索取爱来弥补原生家庭中爱的缺失。

夫妻关系确实是可以直接获得爱的第二个重要关系,因为绝大多数正常的婚姻都是建立在爱情的基础之上的,当然这里获得爱的方式是相互给予。虽然也存在一些"幸运的人"能够遇到可以单方面用持久而热烈的爱滋养自己的人,甚至可以弥补原生家庭中缺失的爱,但这是概率极小的情况,因为夫妻关系本质上是平等的。爱人很难像父母一样愿意无条件地给予自己持续不变的爱,尤其是在同一个时代背景下成长起来的两个人,大概率都是需要被爱的。更重要的是,大多数在原生家庭中严重缺失爱的人,都有极强的控制欲,以掌控一切的方式获得婚姻中的安全感。这种控制欲又会导致其在选择爱人时倾向于选择一个可以驾驭的对象,也就是管得住的对象,而看似能够管得住的对象,往往是需要被照顾并且不太会爱的人。

在我的咨询案例中,有很多埋怨爱人不成熟的女性家长,甚至说虽然自己只是生了一个孩子,但是家里像养了两个孩子一样。丈夫就好像是自己的大儿子,什么事都不管,时间长了感到心累。我问她们当初为什么会选择和自己的丈夫结婚,答案几乎都是,因为丈夫比较老实,觉得自己可以管得住。可以说,爱的缺失对很多女性家长来说,就像"魔咒"一样很难摆脱。爱的缺失导致安全感缺失,不安全感产生控制欲,控制欲又破坏掉了第二个获得爱的途径,也就意味着很难从夫妻关系中获得应有的爱。

3. 和孩子的关系(孩子成年之前)

和孩子的关系也就是亲子关系。从关系结构上来说,亲子关系和子亲关系一样,也是自上而下的纵向关系。不同的是,关系中的你成了主导者,孩子是被动的接受者。孩子相当于站在了你在原生家庭中的位置,他将会有一个怎样的童年,他的原生家庭将会给他带来什么,是爱还是伤害,完全取决于关系中你的做法。

可以说,在所有的重要外部关系中,亲子关系是你唯一可以主导的关系,同时也是唯一不能直接获得爱的关系。但是,如果你在原生家庭中缺少爱,那么有可能出现向孩子索取爱的现象,这其实和关系结构的变化直接相关。在和父母的关系中,只能被动地接受自上而下的给予。在和爱人关系中,需要花费精力经营。如果你在这两段关系里得到的不是爱,自上而下的给予就是伤害和压力,平

03
保持情绪稳定的方法

等关系的经营换来的可能是疲惫。和孩子的关系就完全没有了这些束缚，你的主导权甚至可以让你无所顾忌地"为所欲为"，因为你无论怎样，孩子都只能接受。

而且，爱的匮乏和金钱的匮乏类似，把获得的爱比作金钱也许更好理解。例如你身上只有300元，别人向你借200元，你会期待对方赶快还钱。即便还了，你也会觉得对方欠了你一个莫大的人情。如果是一个拥有千亿元资产的富豪，捐出2000万元也不会期待回报。单从数据上看，2000万元是200元的10万倍，但是从个人付出的比例上看，200元是你所有资产的2/3，所以你一定会有很强的付出感，而富豪的2000万元只是他所有资产的1/5000，他对此自然没有什么感觉。换言之，如果你自己都没有多少爱的储备，给予孩子的时候，就会像借出200元钱一样期待孩子给相应的"回报"。这里的回报可能是成绩，也可以是任何好的表现。下面这个案例中的家长就是典型的期待回报的家长。

2018年的夏天，一位来自天津的妈妈申请了我的深度跟踪咨询。在第一次咨询的时候，她谈得最多的就是孩子的问题，说孩子学习态度差，喜欢和她对抗，一再强调孩子不懂得感恩。她的孩子当时刚上六年级，学习成绩中等，不算很差。我从这位妈妈的描述中判断，孩子不存在特别不尊重父母的情况，而且对这位妈妈还存在比较强烈的依赖。她所谓的孩子不懂感恩，其实是她觉得孩子的做法对不起她的付出。

这位妈妈是一位非常要强的职业女性，从小生活在一个非常传统的家庭中，父母都不太会表达爱。虽然她没有什么童年创伤，但也没有获得足够多的爱。她的爱人是一个以自我为中心的人，两个人结婚之后的生活，更多的是相互指责和埋怨，并且她的爱人在婚姻中有过不忠行为，最后为了孩子她还是隐忍、接受了。但这件事让她在夫妻关系里感受到了强烈的不安全感，觉得事业才是自己最好的保障。

于是，她就把所有的精力都投入工作中，孩子一直由外公外婆照看。她和老公的工作都特别忙，即使孩子上了小学，也只能周末陪伴孩子。直到孩子上了小学四年级，出现的问题越来越多，成绩也一直下滑，她才辞职回家专门辅导孩子。辞职后的两年里，她一直用管理员工的方式来管理孩子，试图在短时间内纠正孩子所有的错误。结果两年时间下来，孩子的问题不仅没有得到解决，反而越来越严重，她也越来越焦虑。

和很多父母相比，案例中的这位妈妈对孩子的付出并不算多，孩子是由外公外婆带大的，她最大的付出就是放弃自己的工作。但是由于她在父母和爱人那里都没有获得足够的爱，一直是靠工作中的成就感来获得暂时的安全感的，因此当她放弃工作的时候就相当于放弃了全部，对孩子的付出感自然就会很强。因放弃工作而失去的安全感，会转而在亲子关系中索取，对孩子强烈的控制欲也就产生了。孩子必须按照她期待的结果去做，她才能获得更多的安全感。如果孩子没有按照她的期待做事，她就认为孩子不懂感恩。这

03 保持情绪稳定的方法

其实就是在变相地向孩子索取"爱"。

爱是一种能量,是可以通过传递不断增加和膨胀的,当你觉得你对孩子的付出没有回报时,首先要想的是自己是不是缺乏爱,有没有让孩子感受到足够多的爱,有没有教给孩子爱的能力。如果你是缺乏爱的,你在父母和爱人那里都没有获得相应的爱,你依然可以在和自己的关系中获得爱的能量。

4. 和自己的关系

和自己的关系是很多人容易忽略的关系,但其实和自己的关系才是每个人一生中最重要的关系。可以说,自我关系是其他一切外在关系的基础,直接影响着能否与外部建立和谐正常的关系。你是不是接纳自己,是不是喜欢自己,是不是爱自己,都是由自我关系决定的。我国女性普遍会在家庭中忽略自我感受,也就是习惯性地把自己放在次要地位。下面这个吃鱼的故事就很直接地反映了女性对自我的忽略。

一个三口之家,爸爸和儿子都喜欢吃鱼,妈妈很会做清蒸鱼。每次妈妈把做好的鱼端上桌之后,都会先把鱼头、鱼尾取下来放在自己碗里,把鱼的身子分成两半,一半盛给老公,一半盛给儿子。

日子一天天过去,吃鱼的习惯没变,分鱼的方式也没变。孩子长到十几岁,也变得懂事了。一次妈妈把鱼端上桌之后,回厨房端汤。儿子想着帮妈妈分担一下,他按照妈妈的分鱼方式,先把鱼头、鱼尾取下来放到了妈妈的碗里,然后又把鱼的身子分成两半,一半给爸爸，一半放到了自己碗里。

这时候，妈妈端着汤回到餐桌上，看着已经分好的鱼，一脸失望地向儿子和老公吼了一句："难道我就只配吃鱼头、鱼尾吗？"然后转身回到厨房委屈地哭了起来。听了妈妈的质问，儿子感到很疑惑："妈妈不是一直都喜欢吃鱼头、鱼尾吗？要不然为什么一直只夹鱼头、鱼尾呢？"妈妈的委屈是："这么多年了，我一直为你们着想，为什么就没有人考虑我的感受呢？谁不喜欢吃鱼身上的肉啊！"

像这样的故事，每天都在上演，只是我们没有刻意去观察。当你像故事中的妈妈一样忽略自己的需要时，就是委屈自己，期待身边的人关注自己的需要，其实就是在自我关系里不爱自己，希望通过外部关系得到爱。问题是没有人能像你一样了解你的真实需要，无论是你的爱人还是你的孩子，都是通过你的明确表达来确定你的需要的。

所以，如果在自我关系里不能做到爱自己，在其他外部关系里也很难获得明确的爱。庆幸的是，自我关系是完全由自己控制的，只要开始重视和自己的关系，用正确的方法爱自己，就能很好地改变现状，弥补在其他外部关系中缺失的爱。

学会爱自己，让自己获得更多的爱

说到爱自己，很多父母觉得爱自己是一种自私的行为。其实，爱自己与自私有着本质的区别。爱自己是建立在自我关系中对自我的关照上的,是不触及其他人的利益的。自私通常是发生在集体当中的,是一种独享独占的做法。就拿吃鱼的故事来说,一家三口都享有同等的吃鱼权利。如果你非要把整个鱼全部霸占,不允许家里其他人吃,就是自私;如果你只是想要满足自己想吃鱼的念头,吃属于你自己的那份,就是爱自己的做法。这种爱自己的做法,也会让其他人感到很舒服,避免了因为你的刻意谦让给其他人带来心理负担。

学会爱自己,就是通过用具体的行动关心自己、爱护自己,让自己的身心感到满足,从而获得更多的爱。在其他外部关系中,我们无法让除自己以外的人一定爱自己,但是在自我关系中,我们可以做更多爱自己的事情。下面分享几个爱自己的具体做法。

第一,重视自己的身体健康。

你有多久没有好好关照自己的身体了?很多做了妈妈的人,总是忽略自己的身体健康,把所有的精力都放在工作和家人身上,小病忍着,大病拖着,最后把自己累垮,这就是不重视身体健康的做法。身体是心灵的载体,是爱的居所,爱自己就要重视自己的身体健康。

首先,要养成健康的生活习惯,具体来说有三个方面:一是养成有规律的作息,不熬夜,合理安排休息时间,不让自己过度劳累;二是健康饮食,按时吃饭,不暴饮暴食,给自己一个健康的胃和好的身材;三是增加运动时间,选择一两个运动项目,每天保持身体的活力。

其次,重视身体发出的所有"信号"。当身体出现一些症状的时候，如头疼、头晕、胃痛、胃胀等，都是身体在给我们发送信号。其实人体就像一套高度智能化的系统，有任何异常情况都会促使它发出相应的信号。我们可以把这个信号理解为身体向我们发出的求助或者抗议信息，以提醒我们关注身体某些部位的健康。一些身体上的小毛病之所以会发展成不可收拾的严重问题，往往是因为没有及时关注身体发出的信号。所以，我们要重视身体发出的信号，并且及时做出有针对性的调整。

最后，定期做健康体检。体检是非常重要的爱身体的做法，可以让我们清楚身体的现状，以更好地避免隐藏的疾病对身体造成伤害。随着年龄的增长，身体的器官或多或少会出现衰老和病变的情况，定期体检能更好地提醒自己重视健康问题。

第二，关注自己当下的感受。

不爱自己的人通常都是忽略自身感受的人，或者是主动压抑自己感受的人。例如，当别人提出不合理的要求时，为了照顾对方的感受，不敢拒绝，不敢说出自己的感受，委曲求全，这都是压抑自己感受的做法。还有的人甚至完全关闭自己的感觉系统。我的一位学员就是这样的人，他从小在严苛的教育下长大，父母给他强调得最多的就是"吃得苦中苦，方为人上人"，面对苦难就要忍耐。所以，成年以后，面对恶劣的环境，他完全没有正常人的感知能力。一次，家里的下水道堵了，他用手去疏通。家里人都捂着鼻子躲得很远，他却丝毫感觉不到臭。这就是不懂得爱自己导致的。可以说，关注自己当下的感受是让自己感受到爱的前提。

03
保持情绪稳定的方法

我们的感受都是通过身体的感官系统获得的。感官系统主要包括眼睛、耳朵、鼻子、舌头和身体,关注自己的感受就是要重视感官带给我们的体验。如果你是一个经常忽略自身感受的人,就可以通过自我觉察提醒自己,同时用下面这五个问题强化感知:

我看到此场景的感受是什么?

我听到这段话的感受是什么?

我闻到这个气味的感受是什么?

我尝到这个味道的感受是什么?

我触碰这个东西的感受是什么?

这五个问题是需要在五种具体感知出现的时候提醒自己使用的,而且需要把当下最真实的体验是什么回答出来。通过不断地做这个练习,重视自身感受的能力就会在潜意识里形成。

第三,用欣赏的眼光看自己。

如果我们爱一个人肯定会接纳他的缺点,同时欣赏他的优点。爱自己同样需要欣赏自己。很多父母在生活中喜欢自我否定,经常自责,尤其是刚开始学习家庭教育知识时,发现过去养育孩子存在错误,就很容易把自己的关注点放在问题上,每天都怕自己再次做错。所以他们在了解育儿知识之前对孩子的态度很"不好",学习了一些教育方法之后又会变得很"怕",这两种心态都是极端的。

我个人的观点是,这个世界上不存在绝对完美的家庭教育,在教育孩子的过程中都会存在正确和错误的行为,只是没有经过系统学习的父母错误偏多而已。不建议大家把自己过去的教育全盘否定,最正确的做法应该是结合自身情况,在调整错误做法的同时,肯定自己的正确做法。

欣赏自己的具体做法是每天至少发现自己的三个优点,从生活中的细节去肯定自己的做法。例如,今天坚持跑步 3 公里,我是一个爱运动的人;今天没有对孩子发火,我是情绪稳定的妈妈;今天给老公准备了生日礼物,我是一个关心老公的好妻子。像这样的小细节,需要每天刻意提醒自己,对自己的做法做出肯定评价,然后写在"自我觉察日记"里,慢慢养成自我欣赏的习惯。

第四,用实际行动满足自己的需要。

每个人每天都会产生各种各样的需要,例如特别想吃一顿小龙虾,特别想睡个懒觉,特别想买一件漂亮的衣服,特别想去旅游。当你特别想做一件事的时候,就是你的心里产生了需求,但是由于原生家庭的影响,可能总会有个声音在脑海中出现:"你不能这样做,你不应该这样做。"这个声音会很快阻止你做这件事。这个声音就是你的内在父母,它就是父母在你童年时期给你种下的信念,会潜移默化地影响你的决定。

有的人自从有了孩子,就把自身的需求放在了次要地位,一直委屈自己。不论什么原因,如果持续地压制自己的需要,就会对身心造成极大的伤害。用实际行动满足自己的需要是最能让自己感受到爱的方式。

可以把自己想做的事情列出来，给它取个名字叫"愿望清单"，然后根据自己的实际情况和实现愿望的难度，做一个具体的完成计划。例如，我今天可以满足一下味蕾的需要，吃一顿好饭；我这周可以选一个不上班的时间满足一下身体休息的需要，让自己好好休息一下；我这个月可以满足一下追求漂亮的需求，给自己买一件新衣服；我今年要满足一下心灵放松的需要，去一个地方旅游。

做好计划之后，可以从简单、容易做到的事情入手，告诉自己："我需要被爱，我要用实际行动爱自己，今天放下所有顾虑，满足一下自己。"当你真正做到了之后，再用欣赏的态度肯定一下自己的做法，你一定能获得非常愉悦的心情。

第五，用"镜子练习"强化爱的感受。

"镜子练习"是一种心理疗愈方法，它的原理是通过对镜子里的自己说正面肯定的话，重新建构内在信念。镜子可以把自己与自己的关系具象地呈现出来，镜子里的那个你就是另一个自己。当你说出爱的语言时，镜子里的你会完整地呈现出你表达的过程，就像一个真实的人在对你表达爱一样，你会直接接收每一句爱的语言。

语言是信息传递的主要方式。我们在童年时期感受到的爱或伤害，大部分都是通过语言传递的。所以，在外在关系中缺乏爱的人，通常都很少接收到父母或伴侣的"爱的语言"。"镜子练习"就是用镜子里的自己替代其他关系，给自己补上"爱的表达"这一课，从而强化自己对爱的直接感受。

"镜子练习"操作步骤：

第一步，找到一面可以照到上半身的镜子，站在镜子面前。

第二步，做三次深呼吸，让自己放松下来。

第三步，好好欣赏一下自己的容貌，然后直视镜子里自己的眼睛。

第四步，对自己说出爱的语言。例如，我喜欢你，你很漂亮；我爱你，你很优秀。所有你可以想到的让自己感到愉悦的肯定句都可以。说的时候声音要大，至少要和平时说话的声音一样，让自己能够完全听清楚。

需要特别说明是，"镜子练习"最好每天练习三次，持续一个月。每天可以准备不同的肯定句进行练习。美国著名的心理治疗专家露易丝·海（Louise L. Hay）的著作《镜子练习》中写了 21 天的练习内容，每天的练习内容是针对不同的疗愈主题编写的，非常详细，大家也可以通过阅读这本书进行练习。

试一试 爱自己计划书

1. 写出你对四大重要关系的理解。

2. 写一个"爱自己计划书"。

小结：如何成为情绪稳定的父母

本章的主题是"掌握情绪管控的方法"，通过了解情绪产生的原理、掌握处理负面情绪和保持正面情绪的方法，让自己成为情绪稳定的父母。情绪管理能力的提升需要一个实际提升的过程，所以阅读完本章最重要的是能够掌握和执行。首先要做的是，对自己的情绪现状有一个相对清晰的认识，然后认真思考一下，如何处理好自身的负面情绪，以及如何每天通过实践保持正面情绪。只有对每一节所讲的方法都做到熟练应用，才能真正成为情绪稳定的父母。

练习： 如何成为情绪稳定的父母
要求： 根据本章所讲的方法，总结一下自己应该如何管控自己的情绪，总结内容要求必须包含以下四点：
（1）我的情绪现状是怎样的？
（2）导致我产生负面情绪的原因有哪些？
（3）我首先需要改变的是什么？
（4）通过阅读本章内容，我的成长是什么？

给家长的 21 个行动指南

正确理解"高效亲子沟通模型"的用法

有效表达的正确步骤

提升倾听能力的具体方法

有效鼓励和有效批评

当孩子无理取闹时,如何处理

当孩子不理解别人的做法时,如何引导

当孩子伤心难过时,如何应对

当孩子遭遇挫折和失败时,如何开解

04 用沟通技巧解决孩子的具体问题

有效倾听和表达

通过前三章内容的学习，我们学会了如何读懂孩子、了解孩子的心理需求，同时掌握了提升自我觉察能力的方法，知道了如何觉察自己的错误观念和做法、如何管理自己的情绪、如何成为情绪稳定的父母。可以说，前三章的内容是本章内容的铺垫。前言中已阐述，父母在和孩子沟通时，对孩子的了解程度、自身认知的观念和情绪管理能力都会对沟通效果产生影响。所以解决了这三个影响因素之后，我们就能更好地通过本章的学习，掌握高效沟通的技巧。本章主要针对亲子沟通中的具体场景，提供高效的沟通工具和有针对性的沟通技巧，大家可以完全参照本章所讲的详细步骤解决亲子之间的具体问题，实现和孩子的良性互动。

正确理解"高效亲子沟通模型"的用法

如果不知道如何和孩子沟通，或者觉得自己说的话孩子根本不听，尤其是随着孩子年龄的增长，感觉亲子之间的沟通变得越来越难，这个时候，就需要学习沟通技巧了。当我们掌握了"高效亲子沟通模型"的用法,就会发现和孩子之间的沟通会变得越来越容易。

父母每天都需要和孩子沟通,通过沟通教会孩子基本技能、帮助孩子养成好习惯、培养孩子的各项能力、塑造孩子正确的价值观。可以说,亲子沟通是帮助父母实现各种教育结果的前提条件。如果沟通能力不行,和孩子沟通的效果就会很差,也就无法实现家庭教育的目的。怎么说孩子都不愿意听,自己想听的时候,孩子又不愿意说,和孩子的距离就会越来越远。这是每位父母都不愿意看到的结果。

要想提升沟通能力,要么通过不断试错总结经验,持续调整和孩子沟通的方式;要么通过学习沟通方法,掌握和孩子沟通的技巧,快速提升自己的沟通能力。有的父母确实可以通过不断试错达到提升沟通能力的目的,但是试错的过程必然存在伤害孩子的情况,而且会错过很多教育孩子的机会。所以通过学习快速提升,才是最佳的选择。本节所讲到的高效亲子沟通模型,是我基于心理学原理,结合了上千个咨询案例总结而成的,只要掌握了这套模型的用法,就能很快地提升沟通能力。

沟通背后的底层逻辑

要想提升沟通能力,首先要了解沟通的过程是怎样的,也就是沟通背后的逻辑是什么。简单地说,沟通就是信息传递的过程。

这里的信息包括语言、表情和动作。信息在人与人之间传递时，不同的信息会让接收的一方产生不同的感受，不同的感受又会形成不同的情绪，情绪最终又以信息的方式传递回来。整个过程如下图所示：

信息传递的底层逻辑

结合上图，通过以下两个场景可以更好地理解这个过程。

场景1：朋友微笑着对你说："哇，你今天穿的这身衣服好漂亮啊！显得特别有气质，而且你的身材也太好了吧，看着还是20多岁的身材。"

当这样一个信息传递到你那里的时候，正常情况下，你一定会有比较好的心理感受，同时这个好的感受会让你产生一个正面的情绪——开心。在开心的状态下，你也会回复对方一个信息：

"谢谢夸奖！你穿得也很漂亮。"

对方接收到这个信息后，同样也会有好的心理感受。

场景2：老公看到你穿了一件新衣服，皱着眉头对你说："你又买新衣服啦！孩子都多大了还穿粉色的衣服，关键这也不是很符合你的气质啊,显得那么俗气。"

当这样一个信息传递给你的时候,想必你的心理感受一定是很差的,紧接着就会产生负面情绪——生气。在生气的状态下,你很可能会这样回复:

"什么叫又买衣服了,我最近半年就买了这一件衣服,别人家老公都是主动给老婆买衣服。我穿的衣服不好看,你觉得谁好看就找谁去吧!"

当老公接收到这样的信息后,他肯定会产生不好的心理感受,接下来两个人的争吵就会爆发。

类似的情况还有很多,只是我们很少去想:为什么我随口说句话就让对方不高兴了?为什么难听的话能从我的嘴里脱口而出?其实,所有的沟通都遵循着信息传递的逻辑。

当我们传递好的信息时,就能让对方有好的感受。好的感受能让人产生正面情绪,同时对方也更有可能反馈好的信息。反之,如果我们传递的信息是不好的,那么带给对方的感受也是不好的,负面情绪就会产生,自然就会反馈不好的信息,最终双方很可能都陷入负面情绪当中。

所以,通过沟通背后的信息传递逻辑图,我们就能清楚地知道,有效的沟通一定不是张嘴就来,想说什么就说什么的。因为人与人之间的交流是要考虑心理感受的。

1. 有效沟通是如何实现的

通常情况下，沟通都不只是单纯地为了让双方获得好的感受，更多的是为了达到某个目的。这意味着我们最终要实现的是有效沟通。要想实现有效沟通，首先我们要知道两个人之间的沟通是如何进行的。简单来说，凡是两个人之间的沟通都必然存在两条线：表达线和倾听线。这两条线相当于在两个沟通交流的人之间建立的信息传送带，缺一不可。

表达线和倾听线

如果只是一个人在说话，另一个人根本没听，也没有任何回应，那么就不是两个人的沟通，更像是自说自话。高效沟通时，表达线和倾听线都是通畅的、没有中断的。也就是说，表达时，我们说的话对方都理解并且接受了；倾听时，对方说的话我们也理解并接受了，这样沟通的目的才能快速达到。但是，看似简单的两条线，真正要实现全部通畅并不容易，至少要做到以下两点。

第一，表达时，重点在自己而不在对方。

说话的时候，应该把重点放在表达自己的需求、想法和感受上，而不是把重点放在说对方的问题上。很多父母很容易在说话时把重点弄反,一张嘴就是"你怎么怎么样",完全忽略了自己说话的目的是什么。

例如,小敏的妈妈回到家,看到小敏还没开始写作业,就对小敏说:"你怎么回事啊!怎么还不写作业,一天到晚磨磨蹭蹭的,就知道玩手机、看电视,一点儿也不把心思用在学习上,你这样永远也没有出息。"

小敏妈妈的这种表达,一开口就是对孩子问题的质问,整段话的重点都在孩子身上。可能有的父母觉得:这样说并没有问题,孩子没有做好就应该说他呀!如果你也是这么想的,我们就一起回到刚才的案例来看一下。小敏的妈妈看到孩子没有按时写作业,她肯定很生气,但生气归生气,最终还是想通过沟通让孩子赶紧写作业。请记住,这个时候小敏的妈妈沟通的目的是让孩子赶紧写作业。如果说话的重点是埋怨孩子,即便孩子开始写作业了,也是带着心不甘情不愿的情绪,甚至还会找各种理由拖延不写。

如果小敏的妈妈把说话的重点放在自己的感受和需求上,就应该说:"小敏啊,妈妈看已经 7 点半了,你还没写作业,妈妈有点儿失望,因为妈妈希望你能主动写作业。完成作业之后,妈妈还想和你聊聊天。你现在可以开始写作业了吗?"这样的表达就能让小敏理解妈妈的感受,同时清楚妈妈的期待和要求,这样她才更有可能心甘情愿地写作业。所以要实现高效沟通,就需要在说话之前,先问一问自己:"我说话的目的是什么?我沟通的重点应该放在哪里?"

表达时,重点在自己而不在对方

第二,倾听时,重点在对方而不在自己。

倾听时,最重要的任务是先听对方说什么,以接收和理解对方的意思为前提,而不是听的时候总想着反驳。和表达一样,很多父母很容易把听的重点弄反,最严重的情况就是完全忽视对方说的话,听了和没听见一样。来看一个生活中的案例:

一天,小学五年级的小龙放学回到家,一脸委屈地和妈妈说:"妈妈,王老师让你明天去学校找她。"

小龙的话还没有说完,妈妈就很生气地质问:"怎么回事?你是不是又在学校闯祸了?你怎么一天到晚搞事情!"

小龙听到妈妈这么说就不耐烦了,说:"你都没听我说完,根本就不是我的问题,是我同桌先动手打我的……"

小龙的话再次被妈妈打断："你和同桌打架了？跟你说多少回了，不要打架，不要打架，怎么就不听呢？"

这时候，小龙带着哭腔非常生气地说："我都说了，不怨我，不怨我，我们老师不问原因就批评我，你也骂我，太不公平了！"

小龙的妈妈看孩子发火了，也生气地说："你还有理啦！犯错还不能说你了？你们老师批评你也是为了你好，谁让你和同学打架呢？"

小龙面对妈妈一再的质问，已经失去了沟通兴趣，转身就回到自己的房间，并且重重地把门关上了。这时候小龙的妈妈更生气了，还在门外质问和指责。

小龙和妈妈的沟通进行了几轮，沟通到最后，小龙的妈妈根本就没听到孩子在学校究竟发生了什么事。小龙的妈妈似乎也完全不关心事情发生的完整经过是怎样的。因为她在听孩子说话的时候，把重点都放在了自己的主观判断上。孩子刚说一句话，她就直接给孩子"判刑"了，所以孩子再说什么对她来说已经不重要了。

可以回想一下，自己在家里是否存在类似的沟通方式，是不是经常打断孩子说话，不重视孩子说话的内容，不给孩子说话的机会，不让孩子把事情完整地说出来。如果存在这样的问题，从现在开始，每次听孩子说话之前，先提醒自己，把孩子要说的内容放在第一位，给孩子说话的权利，完整地听完之后，再尝试解决问题。

倾听时,重点在对方而不在自己

2. 影响有效沟通的因素

简单来说,有效沟通的结果是沟通双方达成想法和意见的统一。我们表达的意思是否能够让对方理解,取决于我们表达的方式和重点,但是对方理解了之后,能不能完全接受,则取决于对方的心理需求。

例如,你对老公说:"老公,书上说在孩子的成长过程中爸爸的陪伴对孩子心智发展影响很大,而且很多专家说,孩子的精神力量源于父亲。现在孩子三年级了,我一个人明显做不好,特别需要你这个做爸爸的提供帮助。你能不能每天晚上早点儿回家,每天保证和孩子有一小时的互动呀?"

这段话说得有理有据,表达的重点也没有问题,正常情况下,对方是可以理解的,但是如果他工作特别累,正在为晋升做努力,每天回到家也想多休息一会儿，听了这样的话，可能就会说：

"你说的话我也理解，我确实陪孩子的时间有点儿少，但是我处在事业上升期，确实也比较累。你看这样行不行，我工作忙完后尽量早回家，一小时的互动可能有点儿难，我们周末把更多的时间空出来陪孩子吧。"

这段话既表达了理解，同时也根据自己的心理需求说出了自己的想法。这时候，如果你能理解老公的心理需求，这个沟通就算达到目的了。反之，如果你完全不考虑老公的需求，还是坚持自己的要求，那么这次沟通很有可能演变成争吵。所以，要保证沟通的有效性，就必须考虑心理需求这个影响因素。

综上，在两个人实际沟通的过程中，信息都是靠表达和倾听两条线来传递的，有效沟通要满足双方的心理需求才能实现。

在说话的时候，要把重点放在自己的需求上，用相对准确的信息表达出自己的想法，听的一方才会理解信息，然后基于自己的心理需求再反馈新的信息，当新的信息回到最初表达的一方，双方的

有效沟通模型图

需求就形成了一次交换。接着再进行下一轮沟通，直到彼此的需求达成统一，沟通的结果就产生了。这个沟通就是有效沟通。

高效亲子沟通模型的基本原理

1. 父母在亲子沟通中起主导作用

亲子沟通和成年人之间的沟通并不完全相同。成年人之间的沟通是两个心智成熟度相对一致的人在交流，理论上彼此都知道应该如何表达自己的心理需求，不存在一方必须照顾另一方的情况。而亲子沟通则是一个心智成熟的成年人和一个心智不成熟的孩子在对话，孩子本身是需要父母指导和训练的，没有成熟的心智和沟通经验，尤其是比较小的孩子，不知道如何准确地表达出自己的真实想法。

基于此，我们可以认为，在亲子沟通过程中，父母有心智和经验优势，这就意味着，父母首先要认定自己在沟通时起到"主导"作用。这里的主导不是指话语权，而是指要起到带动和引导的作用，所以我们的亲子沟通模型是以父母的视角来设计的。比如，和孩子说话时，首先要考虑孩子的心理需求和理解能力，只有更了解自己的孩子，才能把话说到孩子的心里去；而听孩子说话时，父母要考虑到，很多时候孩子的话是夹杂着情绪的，需要读懂孩子真实的心理需求，或者引导孩子明确他的需求。

2. 高效沟通的结果是满足心理需求

很多时候，亲子沟通的结果是情绪对抗，或者坏脾气的爆发，最终伤害亲子关系,所以我们需要知道坏脾气和情绪是如何产生的。如图所示,发脾气是我们可以看见的外在行为,坏脾气的背后则是看不见的情绪,而情绪的产生来源于内心感受的好坏,内心感受的好坏又取决于心理需求是否得到了满足。

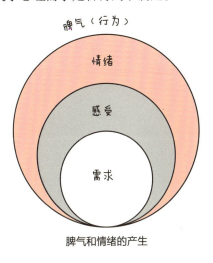

脾气和情绪的产生

如果沟通满足了孩子的心理需求,那么孩子的内心就会获得一个好的感受,感受好就会产生正面情绪,正面情绪促发正面语言,沟通也就随之顺畅了。如果沟通直接或间接破坏了孩子的心理需求,那么孩子的内心就会获得一个比较差的感受,感受差就会产生负面情绪,负面情绪继而促发负面语言或坏脾气,沟通就会受阻。同样,父母的心理需求是否得到满足也会产生相似的心理反应。所以,父母和孩子的心理需求是影响亲子沟通效果和沟通质量的关键因素,也是沟通模型的主要组成部分。

高效亲子沟通模型的组成部分

高效亲子沟通模型是建立在前文所讲的信息传递逻辑和有效沟通模型图之上的,在这张模型图里,我把亲子沟通过程总结为四条线,上下两条平行线分别代表"表达线"和"倾听线",左右两条竖线分别代表父母和孩子的"心理需求线"。

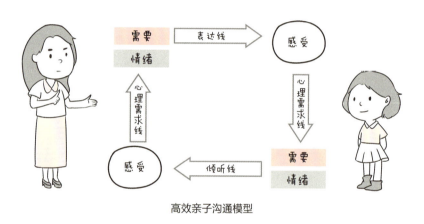

高效亲子沟通模型

通俗一点讲,"表达线"和"倾听线"呈现的是亲子之间沟通的过程,就像两条输送语言和信息的管道。表达线的"管道"出口是父母的嘴巴,入口接通的是孩子的耳朵;倾听线的"管道"出口是孩子的嘴巴,入口接通的是父母的耳朵。也就是说,父母的表达线又是孩子的倾听线,父母的倾听线同时也是孩子的表达线,高效的沟通一定是表达线和倾听线同时顺畅通达。

竖着的两条心理需求线,是父母和孩子的语言和信息过滤吸收器。要实现高效顺畅的沟通,父母首先要能够合理表达自己的需求，同时还要以主导者的视角考虑孩子的心理需求，避免直接破坏孩子的心理感受。而倾听孩子说话时，父母要以主导者的视角假定孩子不会准确表达，那就要求父母管理好自身的"过滤器"，对孩子语言里的需求和情绪进行筛选和分析，主动理解孩子的想法，更好地吸收孩子传递的信息。这样才能真正实现：父母说的话，孩子都能理解和接受，孩子表达的意思，父母也都理解和接受，最终通过沟通的形式，满足双方的心理需求。

父母在面对孩子时，特别容易情绪失控，说话时也容易带有情绪，而孩子一旦受到负面情绪的影响，就很难准确地表达出自己的心理需求，所以我特别把父母表达线的起点放在了"需要"的位置，把孩子表达线（父母倾听线）的起点放在了情绪和需要的中间。这就表示，父母在跟孩子说话时，要管理好自己的情绪，把表达的重点放在自己的心理需求上，而听孩子说话时，要能区分孩子的情绪和需要分别是什么。接下来结合本书前面所有的方法，通过案例来具体讲解一下高效亲子沟通模型的用法。

案例1：上一年级的儿子正在写作业，总是动来动去的，还时不时地停下来做别的事情。妈妈看到之后就有点儿着急，想要提醒孩子好好写。

这时候妈妈首先要提醒自己考虑一下一年级孩子的心理需求，结合孩子的心理发展规律，可以知道影响这个阶段孩子做事的因素是心理感受，也就是说孩子可能有不会的题，或者感觉作业太难

了。基于对孩子心理需求的判断,可以这样对孩子说:

"宝贝,我看你写作业时总是在动,妈妈很着急,因为妈妈希望你能专注地写作业。你告诉妈妈是不是有不会做的题啊?需不需要妈妈给你讲一下怎么做?"

这句话既表达了妈妈的感受,也说出了需要孩子怎么做,更重要的是还对孩子的需求进行了引导式的询问。孩子听到之后可能会说:

"妈妈,写作业好烦啊!我能不能玩一会儿再写?"

孩子这句话里的"好烦啊"是孩子的情绪,"能不能玩一会儿"是孩子的需求。通过这句话可以知道孩子此刻是需要被鼓励的,妈妈可以接着对孩子说:

"是不是作业太多让你烦啊,妈妈看你前面几道题都做得很好,速度也很快。这样吧,妈妈陪你一起把作业快速做完,然后我们就一起玩好不好?"

在这句话里,首先表达了对孩子情绪的理解,然后对孩子想玩的需求给出了解决方案。孩子听了之后会更容易接受。

案例2:上小学三年级的儿子回到家,一脸愤怒地对妈妈说:"妈妈,我们学校的老师太坏了!"

当妈妈听到孩子说这句话的时候,肯定会感到很惊讶,但是如果结合高效亲子沟通模型中孩子表达线的起点来看，孩子这句话里主要表达是他的愤怒情绪，并不是他真实的心理需求，所以需要引导孩子表达更多。这时可以对孩子说：

"怎么回事？你这样说让妈妈很吃惊，究竟发生了什么事，让你这么愤怒，快给妈妈讲一讲。"

这句话虽然是以询问的方式说的，但是重点还是在表达父母的感受和想要了解真相的需求。孩子听到这样的话，就会感到妈妈是在关心自己，也就会原原本本地把事情讲出来。妈妈只需要认真倾听完孩子说的话，就可以做下一步引导了。

如果是不懂模型的妈妈，听到孩子这样说第一反应就是要教育孩子：

"你这孩子怎么说话呢？怎么能有这种想法呢？不管老师做了什么，那都是为你好，不能有这种想法。"

这就等于直接把孩子推到了对立面，孩子会觉得妈妈是在老师那一边的，他就不愿意讲具体发生了什么，问题也就很难得到解决了。很多孩子对老师的对抗情绪就是这样积累下来的。

模型的作用是帮助父母在心里建立一个高效沟通地图。有了"地图"做参考，当父母遇到沟通问题时，就能很快找到沟通方向。针对沟通中的细节，如何做到正确表达，如何做到有效倾听，如何借助沟通模型解决孩子遇到的各种实际问题，在本章后面的几节内容里,会分别给出具体的步骤和技巧。希望大家能够对亲子沟通过程有正确的认识,同时在脑海中建立高效亲子沟通的路线图,为后面的具体应用打下基础。

试一试　回顾和孩子的日常沟通

回顾自己和孩子的日常沟通,写三条自己沟通中存在的问题。

有效表达的正确步骤

基于上一节学到的"高效亲子沟通模型",这一节我们把表达线单独拿出来,讲一讲有效表达的具体步骤。通俗地说,表达就是说话。父母面对自己的孩子时,都挺能说的,但是能说不代表说得对。很多父母滔滔不绝地给孩子说了半天道理,自己已经口干舌燥了，孩子却好像完全没听进去。这就是不懂说话技巧、不会正确表达导致的。

从亲子沟通的过程来看，父母的表达分为两种情况：一种是父母先说话，带着自己的需求主动和孩子说话，这种情况叫作"主动表达"，父母通过主动表达让孩子知道自己的需求是什么；第二种是孩子先说话，父母在倾听之后对孩子做出回应，这种情况称为"被动表达"，父母的被动表达是围绕孩子的需求进行的。接下来，针对这两种表达情况，讲一讲具体的步骤。

主动表达时，如何说出自己的需求

在日常生活中，父母和孩子之间很多时候是不涉及问题和负面情绪的正常沟通。一般正常沟通是不需要刻意考虑该怎么说的。主动表达主要针对的是面对孩子的问题时父母的表达方式。当父母想改变孩子的某个行为，或者是矫正孩子的不良习惯时，就需要采用正确的沟通技巧和孩子对话。

例如，上小学五年级的儿子数学成绩比较差，想补习数学。妈妈给孩子报了一个数学网络课程，但是发现孩子在用平板的过程中总是偷偷打开视频软件，课程老师也反馈孩子上课时注意力不够集中。

面对这种情况，首先要告诉孩子已经知道他上课的情况不好，可以这样说：

"儿子,老师和我说你上课的时候总是走神,而且妈妈也发现了你上课期间打开视频软件的记录,妈妈想知道是不是老师讲得不好,你听不懂啊?"

孩子可能会说:"老师讲得还可以,我听得懂,也没有经常走神,就打开过一次视频软件,就被你发现了。我下次上课不看视频了。"

孩子承认自己打开过视频软件,并且说自己下次不看了,那么可以和孩子说:

"好的,如果不是老师讲得不好,你就专心听课,妈妈相信你可以做到。"

这样说是向孩子表达信任,不因为孩子的一次犯错就直接否定。

在这一次沟通之后,妈妈又发现了孩子上课期间打开其他软件的记录,这个时候最好等到孩子犯错超过三次,再和孩子进行正式的沟通。要给孩子三次犯错的机会,是因为他打开其他软件这个行为并不是妈妈直接看到的。对于五年级的孩子来说,他并不希望总被父母监控着学习。三次犯错代表了事情的严重性,而且是孩子先破坏了妈妈给的信任。

在这种情况下进行正式沟通,父母首先具备了心理上的优势。可以和孩子坐在一起对他说:

"今天妈妈看了一下平板中的记录,发现这周至少三次,你在上课的时候打开了其他软件。说实话,妈妈很失望,也很生气。既然报了名,妈妈希望你能专心地学完每一节课程,也尊重一下

04 用沟通技巧解决孩子的具体问题

老师的付出。如果你真想玩平板,可以和妈妈商量,学习完成后专门留时间玩,但是学习时不要做其他的事情。如果你真的控制不住自己,我就在旁边陪着你学。你同意吗?"

这样的表达,通常孩子是比较容易接受的,要么孩子主动控制自己,要么同意父母陪着学习。

基于以上案例,我们可以把主动表达的过程总结为以下四个步骤:

第一步,和孩子确认问题的存在。

第二步,针对孩子的问题,说出自己的感受。

第三步,告诉孩子自己的真实想法,让孩子知道父母要什么。

第四步,提出具体的要求或解决方案,让孩子明确知道应该怎么做。

主动表达的过程

这四个步骤是基于孩子的心理设计的，第一步确认问题是和孩子进行沟通的前提条件。如果孩子不承认问题的存在，后面的沟通就无法进行。第二步父母说出自己的感受，是为了让孩子知道他的做法给父母带来了什么，以达到共情的目的。当孩子理解了父母的感受，第三步父母说出想法时，孩子也就更容易接受了。最后一步提出具体的要求时，孩子自然就会同意，表达的最终目的也就实现了。这四个步骤在实际案例中的应用如下。

一位妈妈向我咨询过关于孩子放学不回家的问题。她的儿子上小学三年级，女儿只有两岁，老公工作特别忙，没时间接孩子放学。考虑到学校到家的距离很近，走路也只需要5分钟，而且同小区有很多孩子都是自己回家的，所以孩子上了三年级之后，这位妈妈就让儿子放学自己回家。

刚开始的时候，她也不放心，每次都是偷偷地跟在孩子身后，看看孩子能不能安全到家。几次之后，她发现孩子都是和同学一起走也就不担心了。但是，有一天孩子放学没有按时回家，她很着急，给老师打电话，老师说放学就离开学校了。她在从学校到家的路上来回找了三遍也没找到，最后孩子自己回家了，比平时到家足足晚了1个多小时。

她质问儿子："你干什么去了？"

孩子开心地说："我去同学家玩了。"

她看到孩子像个没事人似的，就非常愤怒，拿起一个衣架指着孩子说："你放学不回家乱跑什么？你出了事怎么办？你能不能让我省点儿心啊！"

儿子看到妈妈这么生气，突然有点不理解地对妈妈说："我就在小区里同学家玩的，不会有事的！"

妈妈听到孩子这么说更生气了，拿着衣架在孩子背上狠狠地打了几下："有事就晚了，你以后放学第一时间回家，再不按时回家我就打断你的腿，听到没有，听到没有？"

孩子被打了之后，哭着说："我听到了，听到了。"

这位妈妈打了孩子之后，以为孩子就会听话，每天按时回家了。结果只好了一个星期，第二周开始孩子经常不按时回家。

案例中的这位妈妈在与孩子沟通时，第一段话的重点完全是在质问孩子，根本没说自己为什么生气，为什么让孩子按时回家，所以孩子听到之后也不理解妈妈为什么生气。第二段话是在威胁孩子，孩子是在挨打和被威胁的情况下才说"听到了"。其实，孩子根本没接受妈妈的要求。我当时给这位妈妈的建议是采用主动表达的四个步骤和孩子沟通，如果孩子再晚回家，要这样做：

第一句和孩子确认问题："儿子，你这周已经连续四天没有按时回家了。"

第二句说出自己的感受："每次你没有按时回家，妈妈都非常担心你。路上车那么多，放学了你迟迟不回家，找又找不到你，妈妈不知道你安不安全,就会很害怕。"

第三句对孩子说真实想法:"妈妈希望你放学能按时回家,就是让妈妈知道你是安全的。"

第四句提出具体要求:"如果你要去同学家玩,可不可以先回家和妈妈说一下,然后再出去?这样妈妈也知道你去哪里了,好不好?"一个月之后,这位妈妈向我反馈,自从按照主动表达的四个步骤和孩子沟通之后,她的儿子每天都按时回家,即使要出去玩也会先回家和妈妈打招呼。

被动表达时,如何正确回应孩子

所谓被动表达,指的是孩子讲完一件事情需要父母回应时的表达。和主动表达一样,被动表达的步骤主要用在亲子之间有冲突的时候。如果孩子很平常地说:"妈妈,今天晚上我想吃番茄炒鸡蛋。"我们回答"好的,妈妈给你做"就可以了,像这样日常的对话是不需要刻意考虑表达方式的。但当孩子向我们寻求帮助,或者遇到了什么难事,带着负面情绪和我们说话时,就需要特别注意回应的方式了。

基于"高效亲子沟通模型"的原理,父母在倾听完孩子说的话之后,是需要关注孩子的心理需求,同时帮助孩子处理情绪的,所以我把父母的被动表达总结为以下三个步骤:

第一步,确认孩子的感受并表达理解。

第二步，询问孩子的想法。

第三步，提出自己的想法和建议。

被动表达的过程

下面的案例，是这三个步骤的具体用法。

上二年级的艳艳放学回到家和妈妈抱怨："妈妈，我同桌太讨厌了，每次跟我说话总是要用手打我一下，而且下手特别重。今天放学我正往学校门口走呢，他从背后拍了我一下，都把我拍疼了。"

艳艳的妈妈听到女儿这么说，又看女儿好像并没有生气，就轻描淡写地说:"他是不是跟你闹着玩呢?你们不是关系挺好的吗?"

艳艳听妈妈这么说就有点儿急了:"哪有这么闹着玩的,都把我打疼了!每次都这样,很烦的。"

妈妈看女儿好像有点儿生气了就问:"他下手特别重吗?要不要我跟你们老师说一下,让你们老师说说他?"

艳艳一听妈妈要找老师就更着急了:"这也不算打架,你不要找老师啦!"

妈妈也不知道该怎么做了,就问女儿:"那你想怎么办?我有你同桌妈妈的微信,要不然我跟他妈妈讲一下,让他妈妈管管他?"

艳艳觉得妈妈根本没理解自己的意思,就不耐烦地说:"算了,算了,你不用管了。"

案例中艳艳妈妈的表达完全没有抓住重点。我们从艳艳的第一段话里可以看出,艳艳正在面临的是同学之间交往的互动方式问题,没有大的矛盾。她抱怨的原因是不喜欢同桌的做法,自己又不知道如何解决,但是她觉得没必要让老师解决。

这里要特别提醒大家的是,所有的孩子在社交过程中都会遇到类似的问题。这种同学之间的互动问题,一般是不需要父母或老师直接参与解决的。父母需要做的是教会孩子应对的方法。

按照被动表达的三个步骤,**第一步**,艳艳的妈妈应该先确认孩子的感受。可以这样对孩子说:"你同桌这种打招呼的方式是不是让你很不舒服?"这样询问可以让孩子感受到父母很重视他的表达。艳艳听到这句话,肯定会说:"是啊,特别不舒服,我都发火了他也不改。"

这个时候再对孩子的感受表达理解:"妈妈特别理解,总是这样没轻没重的,确实让人反感。"在被动表达过程中,表达对孩子感受的理解是非常重要的一步,因为孩子被理解之后就会觉得父母是懂他的,这样他才更愿意听父母接下来说什么。

第二步,艳艳的妈妈可以询问:"你是不是想让妈妈告诉你该怎样做呢?"这样询问其实是在确认孩子的需求。

在和孩子确认了想法之后,**第三步**就可以给出建议了:"妈妈觉得他之所以每次动手都很重,是因为他不知道这样会让你很不舒服,所以妈妈建议你再遇到这种情况时,首先要大声地告诉他,'你打疼我了,我非常生气,请你在打招呼的时候不要动手'。如果你这样说了之后他还是不改,那么第二次你就可以更严厉地说,'你打人真的很疼,我很不喜欢,如果你不能改掉这个习惯,就不要和我说话了'。你可以按妈妈教的方法试一试,遇到问题再告诉妈妈,好吗?"

这样三个步骤的表达,既可以帮助孩子处理掉当时的小情绪,同时也为孩子该如何解决问题提供了具体建议。被动表达的这三个步骤基本上可以解决孩子遇到的各类小问题。

> **试一试** **用三个步骤和孩子有效沟通**

1. 尝试用本节中的三个步骤和孩子进行沟通。
2. 把使用过程的感受写出来。

提升倾听能力的具体方法

倾听在亲子沟通中是非常重要的一环,也是普遍存在问题的一环。在很多家庭中,父母几乎没有倾听这个动作。作为父母,我们太想把自己的想法强加给孩子了。如果留意自己每天和孩子沟通的过程,就会发现,很多时候是我们在滔滔不绝地给孩子讲道理,而到了孩子说话的时候,不是习惯性地打断,就是完全忽略孩子说的内容,最后导致孩子越来越不想对我们说了。通过高效亲子沟通模型,我们可以看出,如果倾听线是中断的,那么父母和孩子的沟通就变成了单向表达,最终沟通的结果往往是低效的,甚至是无效的。

要想实现和孩子之间的高效沟通，就必须解决倾听的问题。倾听主要包含两个部分，一个是倾听的能力，一个是倾听的方法。倾听的能力决定了能不能进入倾听的状态，打开自己的耳朵听到孩子说的话；倾听的方法决定了如何听，能不能听到孩子说话的重点。关于倾听的方法，在本书第一章已经进行了讲解，本节的重点是如何提升自己的倾听能力。

如何判断自己的倾听能力

很多父母在孩子面前比较容易呈现"自以为是"的状态，所以很少有父母能客观判断自己的倾听能力，或者说绝大多数父母都认为自己很会倾听。这在很大程度上就阻碍了倾听能力的提升。在我做家庭咨询的过程中，经常遇到倾听能力很差的家长。他们会习惯性插话打断我，完全听不到我说的重点，一直重复自己的想法和观点，每次都需要我不断提醒才能意识到自己存在的倾听问题。所以，无论你是否觉得自己的倾听有问题，都先阅读下面六个倾听能力的级别，判断一下自己所处的位置。

第一级，不听、不重视或完全忽略孩子说的话。

这是倾听的最低级别，倾听能力为"零"。可以问一问自己，当孩子对你说话的时候，你有没有产生过"他说的不重要"的想法；或者当孩子对你说一件事情的时候，你是不是经常转移话题。这些都属于"不听"。

一次，我和一个六年级的男生单独沟通，他特别控诉了妈妈不重视他说话的问题，还举例说明了。当我把这个情况反馈给孩子的妈妈时，这位妈妈却说："我不听是为了让他赶紧写作业。"很多父母和这位妈妈一样，会给自己一个不听的"正当"理由。不论什么理由，只要是不重视孩子说话的权利，都属于"不听"。

第二级，假装在听孩子说话，实际一句话也没有听到。

这种情况比较普遍，有的父母可能很忙，确实没时间听孩子说，但是又不想让孩子觉得自己不愿意听，于是就一边忙自己的事情，一边听孩子说话，假装听。我们需要知道的是，孩子都是很敏感的，父母是不是真的在听，他完全可以感觉到。

第三级，基于自己的需求听，把听的重点放在自己的需求上，只愿意听到符合自己想法的内容。

这种情况更多地发生在比较强势的父母身上。他们通常会在倾听之前预设一个观点，期待孩子能够说到自己心里去，完全不在意孩子真正想说什么，所以就会出现打断孩子说话的情况，经常把倾听演变成和孩子的一场"辩论"，对于孩子说的内容只能听完一部分。

第四级，全神贯注地听，能够专注地把孩子的话全部听完。

如果能做到这一步，倾听能力就达到了及格水平。这个级别的倾听最关键的是做到了"缄口"，无论孩子说什么，都能够全部听完，不插话，也不打断，真正做到了在倾听的时候只用耳朵，不用嘴巴。这是倾听最基本的要求。

第五级，带着理解去听，在全神贯注听的基础上，主动理解孩子说话的意思，关注孩子表达的重点。

要知道，倾听的重要作用是了解对方的想法和意图。所谓带着理解去听，就是要站在孩子的角度看待问题。可以说，能带着理解去听孩子说话的父母，倾听能力算得上比较优秀了。如果在听孩子说话的时候，不仅能够全部听完，而且听的时候还会想一想，孩子为什么这样说，他的心理需求是什么，想要获得怎样的帮助，那么就做到了带着理解去听。

第六级，有互动地听，向孩子反馈自己的理解，并且能够和孩子明确一些容易产生误解的问题。

不同年龄阶段孩子的表达能力有着很大的差别，尤其是低龄的孩子很难准确地表述自己的想法，再加上父母在理解时会比较主观，所以需要通过询问明确孩子的真正意思。例如，听完孩子说的话，问孩子："你的意思是……""妈妈理解的是……对不对？"通过这样询问孩子和反馈自己的理解，可以达到真正听懂和理解孩子表达的目的。

根据以上六个倾听级别的描述，可以结合自己日常倾听的方式初步判断自己的倾听能力，然后结合其他家庭成员对自己倾听能力的评价，综合起来给自己的倾听能力定个级别。尤其要重视爱人和孩子对自己倾听能力的评价，因为我们的倾听主要是在他们身上体现的，所以他们的感受才是更客观、更真实的。

如何提升自己的倾听能力

不好的倾听习惯一旦形成，单纯靠理性控制是很难改变的。很多父母说："我现在知道了，接下来多注意，主动改，听的时候忍着不说话。"其实忍着不说话是很难一下做到的，因为有的父母太喜欢说了，常年积累导致打断孩子说话已经成为了惯性，很多时候都是习惯性地打断。所以，要想提升倾听能力就必须进行实际的强化训练。具体来说，就是经过两个步骤的训练：第一步，训练"闭嘴"能力；第二步，训练"理解"能力。

第一步，每天10分钟，练习如何"闭嘴"。

倾听能力不好的父母，最先要突破的就是"如何听下去"，而听下去的前提就是能够忍住想要表达的欲望，也就是"闭嘴"。针对这个练习，需要选择一个对象，让他说自己最不愿意听的话题，每天听他说10分钟以上。同时要求自己在听的过程中，做到不打断、不插话，并且设定一个惩罚规则。只要在倾听中打断对方，就承担一定的后果。

例如，把训练对象设定为自己的爱人，每次训练10分钟，训练内容是让爱人给你提意见，说你的缺点。惩罚措施是每打断一次说话，就给爱人端三天的洗脚水（你最不想干的事和不愿意承担的后果）。

如果你是一位妈妈，在训练前可以这样和爱人说："老公啊！我想提升一下自己的倾听能力，需要你配合。咱们结婚这么多年，你肯定也有很多对我的看法，之前也没有给你说的机会。现在我每天给你 10 分钟时间，你可以随便说。我做到不插话、不打断、不找后账。如果我做不到就惩罚我给你端洗脚水。我们可以立个字据。"然后就进行每天 10 分钟的练习，只要能坚持 5 天以上，相信你的倾听能力会很快提升。

这个训练可以选择任何你认为可以帮助你练习的对象，可以是自己的父母，也可以是关系不错的好朋友。关键是能让你听到你不愿意听的话。如果通过训练把最不愿意听的话都能听进去，那么对孩子做到全神贯注地听就不再是难事了。

第二步，每天 30 分钟，练习倾听中的"理解"能力。

通过上一个训练能够做到全神贯注地听之后，再进行每天 30 分钟的理解式倾听练习。这个练习是要直接面对孩子的，可以和孩子约定一个专门的亲子交流时间，听孩子说一说学校发生的事情，开心的或者不开心的，自己的事情或者同学的事情，都可以。如果孩子现在已经不太愿意和你说话了，可以这样和孩子说："妈妈之前做得不好，没有花更多的时间听你说话，现在妈妈意识到了这个问题。妈妈想要更多地了解你，特别想知道你每天都遇到了什么事情，也特别愿意听你说话。你愿不愿让妈妈做你最好的朋友，把你的心里话都讲给妈妈听？"你只要能真诚地向孩子表达你的反思，让孩子感受到你真的想听他说话，通常孩子都是很愿意和父母沟通的。

理解式倾听练习的基本要求：

第一，一定要专注地听完孩子说的全部内容，然后再说话。

第二，在听的过程中一定要把孩子说的内容作为关注重点，通过孩子的每一句话去理解孩子的想法和需求。听的时候永远想着这三个问题：孩子现在的感受是什么？如果我是孩子会有怎样的情绪？孩子说这些反映了他怎样的想法或者他需要我怎样的帮助？

第三，听完之后，把自己的理解告诉孩子，和孩子确认你的理解是否正确。

第四，每次练习的时间不少于 30 分钟。

理解式的倾听练习，建议大家坚持 20 天以上。如果 20 天持续不断地对孩子做理解式的倾听，那么这种倾听方式就会成为一种习惯，以后不需要强制要求自己，也能自然做到了。

试一试　倾听练习

1. 和爱人尝试进行一次倾听练习，同时把练习中遇到的问题写下来。

2. 尝试倾听孩子说话 30 分钟，写出你的感受和想法。

有效鼓励和有效批评

在亲子沟通中，鼓励和批评是两个非常重要的主题。从养育孩子的角度来说，对于孩子做得好的方面，父母要通过鼓励的方式让孩子知道什么是正确的，并且能继续保持；对于孩子错误的做法和不好的行为，父母要通过批评的方式让孩子明白什么是错误的，并且能够做出改变。这样的养育过程才能让孩子向更优秀的方向发展。

就孩子的成长规律而言，任何孩子的基础是非观念都是在家庭教育中形成的，所以父母对孩子的鼓励和批评都是不可缺少的。但是现实中父母的鼓励和批评方式多少存在着一些问题。鼓励时往往是空洞的评价，批评时又习惯性地带着指责和负面评价，这样就导致鼓励和批评都失去了应该有的效果。

如何正确地鼓励孩子

你对孩子进行鼓励和表扬时,会不会经常说类似"儿子,你真棒""你真聪明"的话?如果这样的话是在毫无缘由的情况下对孩子说出来的,那么你就存在错误鼓励的情况。要对孩子进行正确鼓励,首先就要清楚鼓励的目的是什么。

简单来说,鼓励的目的是让孩子认识到正确的做法是什么,同时让孩子对自己的能力做出更高的评价,从而获得自信心。很多父母为了鼓励而鼓励,为了表扬而表扬。常见的情况是觉得过去的教育方式对孩子打击太多了,想通过鼓励和表扬来弥补,所以就用大量好的形容词去对孩子进行人格评价,"你真棒"和"你真聪明"就是典型的人格评价。

有效的鼓励是针对具体的行为和做法进行鼓励,这样孩子才能更好地理解自己哪里做对了,而空洞的人格评价,可能会让孩子参照自己的做法产生理解偏差。例如"聪明",孩子的理解很可能是"比笨孩子花得时间少,得到的成绩却更好"。一旦孩子有了这样的理解,就会花更多精力去投机取巧,而不是花更多时间努力。这就是很多经常被夸奖聪明的孩子喜欢耍"小聪明"的原因。基于此,我总结了三种正确鼓励孩子的方式。

第一种,对孩子"努力的过程"表达肯定。

对于一个正在学习知识的孩子来说,最先学会的应该是努力。如果一个孩子从小就习惯于依赖天赋,不重视努力的作用,最终只会成为现实版的"伤仲永"。小时候的"天才"最终一事无成的案例在现实生活中有很多，更何况绝大多数普通人也只能靠努力才能获得更好的生活。所以通过鼓励让孩子形成"努力成就未来"的信念，是父母必须做到的。

具体来说，在孩子有具体努力的表现时，给予孩子积极的肯定。例如，看到孩子连续一小时坐在那里认真写作业时，或者孩子为了做出一道难题，一直苦思冥想，不肯停下来吃饭时，都可以对孩子表达肯定。可以这样对孩子说："宝贝，看到你今天努力写作业的样子，妈妈很开心。特别对你努力学习的过程和努力解决难题的过程提出表扬，非常好！"

再如，孩子为了修好家里的计算机，非常努力地想了各种解决办法，在网络上查找，询问其他人，直到把计算机修好。这个时候也应该给予鼓励："儿子，妈妈看到你为了修好计算机，非常努力地寻找解决办法。这一点妈妈觉得非常好，给你点个赞，要继续保持努力的习惯哟！"总之，凡是孩子表现出"全力做事"的态度，都应该对孩子的努力表达肯定。

需要特别注意是，对孩子的努力进行鼓励时，要特别强调孩子努力的过程，鼓励孩子的具体动作，而不是简单地说："今天表现得不错，值得表扬。"有具体的指向才能让孩子知道他接下来应该强化什么。

第二种，对孩子"好的行为"表达欣赏。

对于孩子来说，好的习惯是好的行为强化出来的。而好的行为是靠父母的鼓励和肯定强化出来的。例如，孩子在接到长辈的礼物时说："谢谢您，我很喜欢。"这时，就可以对孩子的这个行为给予肯定："你刚才跟叔叔说了'谢谢您，我很喜欢'。妈妈很欣赏你的这个做法，在接受别人的礼物时这样说，是非常礼貌的行为，非常好！"

当对孩子这样说时，孩子会很开心，同时这个好的行为就会在孩子心里得到强化，他也就更有可能习惯于这样做。对孩子"好的行为"表达欣赏，能够起到对孩子的正向指引作用。有时候，孩子可能只是一个不经意的动作，或者是非常细小的表现，父母只要给予孩子及时鼓励，孩子就会重视起来，并且持续放大这个做法。

应该说，只要用心去发现孩子的"好行为"，就能看到孩子做得比较好的地方。例如，孩子主动收拾碗筷，孩子打扫了客厅的卫生，孩子主动写作业，孩子主动整理了错题等，都是值得鼓励的好行为。需要注意的是，不要总觉得这些小事都是孩子应该做的，要把这些当作孩子的闪光点，通过及时鼓励放大这个闪光点。

对孩子"好的行为"进行鼓励时，关键是要给孩子明确指出具体的行为动作。例如，看到孩子在写作业的时候，每做完一道题就进行二次验算，做完全部作业又做了一遍整体复查。这时候对孩子的鼓励应该是："妈妈看到你写作业的时候，非常细心地做了验算和复查。这个习惯非常好，尤其在考试的时候可以避免因为马虎而丢分。妈妈表扬你有一个细心的习惯。"在这段话里，首先给孩子指出了好的行为细节——验算和复查,并且讲出了这个行为的好处,最后还肯定了孩子细心的好习惯。这就是一个完整的鼓励过程。

第三种,对孩子的"结果"表达认同。

"结果"指的是孩子取得的成绩和成果,例如写完的家庭作业是当天学习的成果,参加某个比赛拿到的成绩是参赛的成果,期中考试的成绩是孩子半个学期学习的成果。成绩和成果一方面反映了孩子在某件事上的努力程度,另一方面体现了孩子做某件事的能力。当父母对孩子的"结果"表达认同时,不仅能让孩子更有自信心,同时还能让孩子获得成就感。可以说这种鼓励方式给孩子带来的帮助是非常大的。

很多父母在面对孩子的"结果"时总会觉得"不满意""不够好",所以很难对孩子表达鼓励性的语言。对结果不满意,是因为对孩子的期待太高,根本没有考虑孩子的现实情况。这就要求父母在面对孩子的结果时,首先问一问自己是否给了孩子足够的支持和正确的指导,再看看孩子有没有进步和成长。通常情况下,只要父母的教育指导方式是正确的,孩子获得的结果就一定会存在好的一面。父母的鼓励主要针对的就是好的一面,下面通过案例来说明。

案例 1:上小学二年级的欣欣写完了全部家庭作业,拿给妈妈检查。欣欣的妈妈认真地看完所有作业,发现作业当中除了数学的两道计算题做错了,其他都是正确的。但是欣欣的妈妈是一个完美主义者,看到错了两道题就非常生气地对欣欣说:"这两道题怎么回事,你难道不会做吗?这么简单你都能出错,你能不能用点心啊!赶紧重做。"

案例中欣欣的作业只有两道题出错,说明正确率还是非常高的。欣欣的妈妈对孩子做得好的地方没有一句肯定,只是针对两个错题指责孩子,这样会让孩子有很强的挫败感。正确的做法应该是先肯定孩子做得好的地方,再谈问题。可以这样对孩子说:"欣欣啊!妈妈检查完了,今天的作业正确率很高,尤其是这几道题都做得很好,妈妈要提出表扬。不足之处是还有两道题做错了,你可以重新做一下,应该能做对。如果不会可以问妈妈,好不好?"像这样的表达就能起到鼓励作用,一方面对孩子做得好的部分提出了表扬,另一方面也对孩子错的部分提出了建议。

案例2:上小学五年级的龙龙期中考试数学考了85分,和其他同学比不算特别优秀,但是比他自己上一次考试进步了15分。他拿着成绩单回家之后,爸爸有点儿不高兴地质问:"怎么才考了85分啊!你们班90分以上的有多少同学啊?"龙龙还没有说话,妈妈就说:"85分很好了,比上一次多考了15分呢,这个进步已经很大了。这也说明龙龙前一段时间是在努力学习的,这个成绩妈妈很满意,我们不和其他同学比。"听到龙龙的妈妈这么说,爸爸也就不说话了,龙龙也开心地笑了起来。

在这个案例中，龙龙的爸爸是用比较心理来看孩子的成绩的，完全没做到认同孩子的结果。妈妈的做法则刚好相反，她看到了孩子的进步和成长，所以她说话的内容就是在对孩子的结果表达认同，龙龙听到妈妈鼓励的话自然就会很开心。

如何有效地批评孩子

在生活中，父母批评孩子是很常见的，有效的批评可以帮助孩子改变错误行为，但是无效的批评则会伤害孩子。下面是一个无效批评的案例：

五岁的明明想吃肯德基，妈妈就点了很多吃的和饮料。取餐的时候，明明闹着要自己端餐盘。因为餐盘里有两杯饮料，妈妈担心明明端不好，不想让明明端，明明就开始闹情绪，妈妈很无奈，就把盘子交给了明明。刚端起来的时候很稳，但是明明很兴奋地跑起来了，结果刚跑两步就摔了一跤。妈妈看到之后非常生气，赶紧过去把明明拉了起来，然后开始吼："摔疼了吧！不让你端非要端，端你倒是好好端啊，你跑什么？做事永远是这么毛手毛脚的。你能干什么？就会逞能，以后别想让我带你出来。"明明听到妈妈这么说就委屈地哭了起来。

明明的妈妈批评孩子的这段话，有质问、有讽刺、有威胁，就是没有具体的纠错。这段批评只会让孩子觉得自己做得很差。其实，生活中很多父母在面对孩子的错误时，都会像明明的妈妈一样，带着自己的情绪用孩子的错误打击孩子。批评孩子的真正目的不是伤害孩子，让孩子无地自容，而是要指出孩子的错误，告诉孩子如何改正。我认为父母在批评孩子的时候，只要做到以下三点，就能实现有效的批评。

第一，批评的基础是"爱"。

无效的批评方式都是带着"嫌弃"的。例如，有的父母看到孩子犯错，第一反应就是感到厌恶，还没开始说话，脸上就已经写满了不耐烦。这时候说出来的话很可能就是"你怎么这么笨啊！""你能不能有点脑子啊？"这样的话让孩子感受到的是父母的反感和不喜欢。像这样带着嫌弃批评孩子，就容易引起孩子的对抗，产生的都是负面作用。

与之相反，有效的批评应该建立在"爱"的基础上。因为有爱做基础，父母表现出来的态度通常是心疼、遗憾和失望，心疼背后是关心，遗憾和失望是因为对孩子有更好的期待。例如，孩子摔倒了，父母会说："摔疼了吧？你刚才跑得太快了，端东西时候要慢点儿走，妈妈要批评你一句，以后端东西记得慢慢走，要不然你摔倒了妈妈也会很心疼的，知道吗？"这句话里面，有爱做基础，批评之前就会先关心孩子有没有摔疼，然后再指出孩子的问题，同时给出孩子具体的建议。在这种批评过程中，即便是非常严厉地和孩子说，孩子也能更好地接受。

需要特别说明的是，以爱为基础批评孩子，在关键时候是可以起到激励作用的。

2020年，一位来自成都的妈妈来向我求助，她的女儿上初中三年级，成绩中下等水平，没有学习动力。这位妈妈通过学习我的线上课程，已经改变了很多错误的教育方式，和孩子的关系也变得非常融洽了，但是孩子的学习态度还是不够主动，当时还有7个月就要参加中考了，她非常着急。

通过了解这个初三女孩的家庭状况和成长经历，我给这位妈妈分析，因为他们家条件很好，对女儿比较宠爱，基本上是要什么给什么，这种做法就导致了孩子依赖性很强，总觉得父母可以安排好一切，所以没有责任感和危机感。

基于这些分析，我就建议这位妈妈用批评的方式让孩子认清现实，激励孩子变得主动。具体的批评方式是，在孩子考试成绩出来之后跟孩子谈："文文，一直以来妈妈都觉得你是可以很优秀的，学校老师和辅导班的老师也都对我说，你的学习能力和理解能力没有问题，只要努力就能很快提高成绩。我也一直在通过学习改变自己，想要帮助你，但是妈妈一直没有看到你的努力。妈妈对你最近的学习态度很失望，你每天作业不按时写，课堂笔记也不记，上课还总是和同学说话。说实话你这样的态度很难提高成绩，离中考只有几个月时间了，妈妈要告诉你，现在的政策是，50%的学生不能上高中，一定要认清现实。如果你不努力，爸爸妈妈也帮不了你。你好好想想，如果你愿意努力，接下来妈妈和你一起拼搏几个月，争取中考取得好成绩。"

在这一次沟通之后，女孩就真的开始努力学习了，每天晚上都学到 11 点，最后顺利考入了高中。

上面案例中的这段批评就是建立在爱的基础之上的，因为有爱作为前提，所以说出的话都是带着力量的。首先，表达了相信孩子有能力可以做好，也希望孩子更好，这是对孩子的一种肯定；然后，在这个基础上对孩子表达失望，指出孩子的问题，能够让孩子更好地接受，并且产生愧疚感；最后，给孩子提出具体的改变建议。这种批评过程才能真正解决孩子的问题。

第二，批评的方式是就事论事。

就事论事的意思是针对某件具体的事情批评孩子，指出孩子在这件事上存在的问题，不涉及别的事情。很多父母在批评孩子的时候喜欢上纲上线或翻旧账。例如，看到孩子把脏衣服乱扔，批评孩子的时候就会说："你这么邋遢，没有人会喜欢你，长大了找对象都是问题。"本来孩子只是乱丢一次衣服，就上升到了孩子的人格问题，和孩子找对象都联系在一起了，这就属于上纲上线。

再如，孩子正在认真写作业，结果父母跑过来对孩子说："做题的时候认真一点儿，多检查两遍，上周三你就因为马虎做错了两道题，我都没说你，今天不要犯这种错误了。"孩子当下没有犯错误，拿之前的错误说事就是翻旧账。这种批评很容易破坏孩子当下的状态，而且会引起孩子的反感。所以，有效的批评方式是就事论事，绝对不能上纲上线或翻旧账。

第三，批评的目的是解决问题。

如果问大家批评孩子的目的是什么？可能有的人会回答："指出问题啊！让孩子知道他错在哪里了。"事实上，很多父母是这么做的，把批评的重点放在指出问题上，把解决问题放在了次要地位，甚至根本不解决问题。可以回想一下，你看到孩子犯错误时，是不是首先很生气，花大量时间谴责孩子，然后对孩子发一顿脾气，最后两个人都在各自的情绪中不欢而散。这时候即使孩子知道自己错在了哪里，也不清楚父母想让他怎么改变。可以说，这种做法是为了批评而批评，根本没有想过批评的真正目的是什么。

批评的最终目的是要解决问题，否则批评根本就没有意义。在批评孩子之前要问自己两个问题：

为什么要批评孩子？

批评完孩子最终要达到什么效果？

当我们在心里回答这两个问题时，就能很好地组织批评的语言了。例如，看到孩子不好好写作业，所以准备批评孩子。批评完，希望孩子能够认真地完成作业。也就是说，无论前面怎么说孩子的问题，都是为让孩子认真完成作业做铺垫的，说出的每一句话都是为了让孩子能够接受认真写作业这个要求。通过这样一个自问自答的过程，可以提醒自己怎么批评，批评的时候怎么表达更合适。在批评之前有这样的思想准备过程，批评的目的也就更有可能实现了。

> 试一试　**用正确的方式鼓励和批评孩子**

1. 用正确的鼓励方式，对孩子进行一次鼓励，然后写出你的感受和想法。

2. 在合适的时候，尝试用有效的批评方式批评孩子，然后写出你的感受和想法。

当孩子无理取闹时，如何处理

在生活中，父母或许遇到过这样的场景：孩子为了达到某个目的，一直哭闹，甚至会撒泼打滚。面对孩子的哭闹，心软的父母往往会尽可能地想办法满足孩子，哄孩子开心；强硬一点儿的父母可能会用威胁或打骂的方式制止孩子，让孩子停止哭闹。

这两种方式都可能给孩子造成不好的影响。如果孩子的要求是不合理的，因为孩子哭闹就满足孩子，那么孩子很可能会把哭闹当成一种"武器"，只要遇到不合自己心意的事情，就会用变本加厉的哭闹达到目的。如果总是用威胁和打骂的方式对待孩子的哭闹，就会导致孩子的负面情绪得不到处理，而且孩子的合理需求也会被压制，不敢和父母说。应该说每个孩子在成长过程中都会出现哭闹的情况，所以如何处理孩子的哭闹行为是养育孩子过程中非常重要的一环。

如何判断孩子是不是无理取闹

通常孩子哭闹都是因为心理需求没有得到满足，要想解决孩子的哭闹问题，首先要做的是，判断孩子的需求是否合理。如果是合理的需求，父母就要先安抚好孩子的情绪，再满足孩子的要求；如果是不合理的需求，就可以认为孩子是在无理取闹。

怎么判断孩子的需求是否合理呢？简单来说，主要考虑界限和规则两个因素。界限指的是孩子的需求有没有越界或触犯他人的利益。规则包含了家规、校规、社会道德和国家法规等一切既定规则。如果孩子的需求触犯了他人的利益或者违反了既定规则，那么一定就是无理取闹。

例如，5岁的小雅想让妈妈陪她读绘本，但是妈妈一直在看手机，没有直接回应孩子的要求，小雅就哭闹了起来。很显然，小雅想要妈妈读绘本的需求是合理的，因为妈妈本身就有陪伴孩子的义务，而且此刻妈妈只是在刷手机视频，并没有重要的事情忙得抽不开身。

如果小雅因为非常喜欢幼儿园的王老师，闹着让妈妈在晚上9点给王老师打电话，听王老师讲故事，那么这个需求就是不合理的。幼儿园老师在放学之后是没有义务给孩子讲故事的，而且晚上9点会打扰老师休息，这是很明显的越界行为。再从规则来判断，如果5岁的小雅非常喜欢小区绿化带里的月季花，闹着让妈妈去给她折断几枝带回家，那么这个需求也是不合理的。因为小区的绿化是公共资源，破坏绿化既违反了社区管理的相关规定，也不符合社会文明的约束。

如果孩子因为合理的需求没有得到满足而哭闹，就像小雅读绘本的需求，那么这个时候妈妈就应该先安抚好孩子的情绪，可以对孩子说："你是不是因为妈妈没给你读绘本，所以生气难过了？是妈妈不对，妈妈不应该一直看手机，现在妈妈和你一起来读绘本，好吗？"基本上，解决孩子的哭闹问题，都要先处理情绪，再解决问题。如果孩子有合理的需求，就要满足孩子的需求；如果孩子是无理取闹，就要采取有针对性的沟通策略。

应对孩子无理取闹的正确方式

如果判断孩子的需求是不合理的，就可以定义孩子是在无理取闹。一般来说，孩子的无理取闹主要出现在6岁之前，这个阶段的孩子还没有形成完整的是非观念。换句话说，孩子还不清楚什么要求是合理的，所以通常孩子的无理取闹都是在挑战父母的原则和底线。这就意味着父母要通过正确处理孩子无理取闹的行为，帮助孩子建立规则意识。具体来说，就是通过以下五个步骤的沟通技巧解决问题。

第一步，确认孩子的要求和想法。 通过询问和倾听，了解孩子哭闹的原因是什么，以此判断孩子的要求和想法是否合理。

第二步，安抚孩子的情绪并说出你的看法。 对孩子的情绪表达理解，同时给孩子解释不合理的原因，然后提出你的初步想法和建议。

第三步，向孩子明确表达你的原则和态度。 用肯定的语气让孩子感受到坚定的态度。

第四步，给孩子冷静的时间。 如果在明确态度之后，孩子继续哭闹，就给孩子一段冷静的时间。

第五步，让孩子认识到自己的行为存在的问题。 在孩子冷静下来之后，告诉孩子他的无理取闹给你带来的感受是什么，然后提出你的要求。

以下是在实际案例中，这五个步骤的具体应用。

一位扬州的妈妈向我咨询孩子无理取闹的问题，她的儿子上小学二年级了，夫妻两个人工作都比较繁忙，几乎没时间管孩子。孩子上二年级之前都是由爷爷奶奶照看的，老人的娇惯让孩子养成了很多坏习惯。这位妈妈调整了自己的工作，决定自己带孩子。孩子接到身边以后，她发现孩子总会提出一些非常不合理的要求，一旦父母不同意，就会一直哭闹，而且哭闹的动静很大，持续的时间也很长。刚开始，这位妈妈尝试了各种方式，讲道理、转移注意力和发脾气，都不能解决孩子的哭闹问题，最后就做了几次妥协。她发现在她妥协之后，孩子再遇到不合心意的事就闹得更厉害了，甚至只要听到父母说"不"，就开始躺在地上打滚，有时候还摔东西。她觉得必须用正确的方式才能解决，于是找我咨询。我给了她上面五个步骤的建议。

之后的一天晚上，已经 10 点了，孩子又开始哭闹，她就按照**第一步确认孩子的要求和想法。**

"儿子，你告诉妈妈什么事让你这么伤心，看看妈妈能不能帮助你。"

孩子告诉她是因为爸爸白天答应要给他买蛋糕，但是爸爸忘记给他买了,他现在就想吃蛋糕,吃不上不睡觉。

听完孩子的哭诉,这位妈妈打开了外卖平台,查看了一下附近的蛋糕店,发现都已经不接受订单了。她采取了**第二步,安抚孩子的情绪**。

她蹲在孩子面前,抚摸着孩子的背说:"儿子,妈妈非常能理解你现在的感受。爸爸没给你买蛋糕让你很失望,也让你很伤心。我让爸爸给你道个歉好不好?"

孩子听她这么说反而大声地哭着说:"我不要爸爸道歉,我要蛋糕。"

接着她说:"乖儿子啊!妈妈知道你非常想吃蛋糕,可是已经很晚了。妈妈刚才在网上看了,蛋糕店都关门了,妈妈想给你买也买不到了。这样吧,明天妈妈带你去买好不好?"

孩子一听买不着了,闹得更厉害了,直接躺在了地板上:"我不管,我不管,你们想办法,我今天晚上就要吃蛋糕。"

这个时候她知道孩子已经开始无理取闹了,安抚情绪起不到作用了,就进行了**第三步,明确表达自己的原则和态度**。

"今天晚上确实买不到蛋糕了,你不能要求妈妈去实现做不到的事情。你就是闹一晚上我也给你变不出蛋糕来,而且你这样一直闹,妈妈真的很生气。你要听妈妈的建议就起来准备洗漱睡觉,要不然你就自己躺在那里想一想。想好了,不哭了,再来找我。"

然后这位妈妈就进行了**第四步，让孩子自己冷静**。

她开始洗漱，洗漱完就回了房间。孩子在客厅哭闹了将近10分钟，看到妈妈不理他也就慢慢冷静下来了。又过了5分钟，孩子来到了妈妈身边，委屈地对妈妈说："妈妈，你明天一定会给我买蛋糕吗？"

妈妈说："放心，妈妈明天一定给你买。"

孩子这时候松了一口气说："好。妈妈，我要你给我讲故事哄我睡觉。"

听到孩子这么说，妈妈进行了**第五步，引导孩子认识自己的问题**。

"好的，妈妈觉得你现在表现很好，以后遇到问题要和妈妈沟通，哭闹是不能解决问题的。以后要记住了，有事情就和妈妈商量，总哭妈妈会生气的，来现在妈妈给你讲故事。"

上面的这段对话是案例中这位妈妈转述给我的，据她反馈，自从她学会了这五个步骤的沟通技巧，用了三次，现在孩子的无理取闹明显变少，只是偶尔会出现。

基于这个案例，父母需要知道的是，面对孩子的无理取闹，沟通的目标是让孩子认识到哭闹是不能解决问题的，尤其要让孩子知道哭闹并不能换来结果。在沟通中，父母首先要做的是安抚孩子的情绪，通过表达对孩子情绪的理解让孩子感受到自己被关注了。这样既避免了情绪的积压,又有利于后面解决问题。第三步和第四步向孩子表明态度,同时给孩子冷静的时间,可以让孩子思考和判断自己的做法是否有效,当孩子有了判断之后,自然就会形成正确的认知。

需要特别说明的是,当孩子冷静下来之后要求妈妈第二天买蛋糕,已经不是想吃蛋糕的问题了,是孩子给自己的情绪转好设的一个台阶。类似的情况在孩子情绪变化中经常会出现,父母需要特别留意,先满足孩子的"台阶",让孩子从情绪中走出来,然后再进行最后一步,这样效果才是最好的。

试一试　用五个步骤处理孩子的无理取闹

1. 想一想你面对孩子的无理取闹时是怎么做的,把错误做法写出来。

2. 尝试按照五个步骤处理孩子的无理取闹问题,并把感受和想法写下来。

当孩子不理解别人的做法时，如何引导

你的孩子有没有过对抗老师的情况？在家庭咨询中，我曾遇到过这样的情况。一个四年级的孩子，其他科目成绩都不错，就是数学特别差。孩子因为不喜欢数学老师，只要是数学课就不好好听，回到家数学作业也不愿意写。问孩子不喜欢数学老师的原因，说是数学老师之前在课堂上批评过他，孩子觉得老师不公平，批评得不合理。当时父母不知道该怎么解决，孩子的负面情绪就一直没有得到处理，时间长了就变成了对抗老师。归根结底，孩子不好好学数学，是因为在孩子遇到不理解老师做法的时候，父母没有及时正确地引导孩子。

其实，每个孩子在成长过程中，都会遇到不理解别人做法的情况，不仅是对老师，对同学、朋友、父母长辈也有可能出现这种情况。出现这种情况，通常是因为孩子都是站在自己的角度看问题的，所做出的判断都是对自己有利的，所以不理解和不接受就会产生。这也说明孩子不具备换位思考的能力。这时候，父母的作用就是通过正确地引导，让孩子学会站在对方的角度看问题，也就是我们常说的，让孩子学会"共情"。

错误的引导方式

当孩子不理解别人的做法时,很多父母会存在两种错误的沟通方式。一种是完全不考虑孩子的感受,生硬地讲道理,指责孩子应该换位思考;另一种则是站在孩子的角度和他一起指责别人,这种方式导致的不良后果最严重。以下两个具体的例子说明了这两种错误方式导致的后果。

案例1:

小学四年级的龙龙是一个比较听话的孩子,一天放学回家向妈妈哭诉说:"老师不公平,太讨厌了。"妈妈问龙龙到底发生了什么事,龙龙哭着说完了当天发生的事情。上数学课的时候,同桌一直和他说话,龙龙很烦就推了同桌一下,因为推的力量比较大,全班同学都听到了动静。老师很严肃地批评了龙龙,并且让龙龙站到教室的后排听课。龙龙当时想和老师解释,老师却说,有问题下课再说,就这样龙龙站着听了半节课,下课之后老师直接走了。

妈妈听完龙龙的讲述,也觉得孩子受了莫大的委屈,因为在她看来龙龙从来不是一个惹事的孩子,老师这样不问青红皂白地罚站很容易伤害孩子,再加上她平时喜欢看一些教育类的书,本来对学校老师的教育方式就有一些成见,于是就带着情绪对孩子说:"妈妈也觉得你们老师确实做得不对,怎么能这样处理呢!别生气了,今天妈妈给你做好吃的。"

晚上,龙龙的妈妈又和龙龙的爸爸聊起了这件事,带着情绪对老师的惩罚方式大加指责,甚至上升到了老师的师德问题,并且提出要找老师谈谈,最后在龙龙爸爸的劝说下才算作罢。但是,妈妈这段对老师的评价都让龙龙听见了,之后龙龙就开始讨厌数学老师,不写数学老师布置的作业。

在上面这个案例中,龙龙妈妈的做法不仅没有解决问题,而且把矛盾放大了。本来龙龙的情绪主要源于不理解老师的做法,对老师并没有负面评价,妈妈的话则让龙龙完全相信了是老师有问题,甚至觉得数学老师人品有问题。尤其是听到妈妈带着偏见对学校老师教育方式的指责,龙龙对数学老师的尊重感一下就没了,甚至觉得自己在这件事上受到了严重的伤害。最重要的是,孩子一旦对老师形成了极其负面的评价,就很难学会换位思考了,而且这种负面评价很可能会转移到其他老师身上,后期再转变会更难。

案例2:

9岁的明明有一个4岁的弟弟。每次明明写作业的时候,弟弟都非要拉着他玩。一次,明明很生气地把弟弟推开,还吼了弟弟两句,然后弟弟就哭了起来。这时候妈妈跑过来问是怎么回事,明明就向妈妈抱怨:"烦死了,我正在写作业,他硬要拉着我和他玩,他就是故意给我捣乱。"妈妈开始说明明:"他喜欢你,想和你玩,你是哥哥不能打他呀,他才多大呀,你就不能和他好好说,告诉他一会儿写完作业再玩?"

明明一听妈妈完全不考虑自己的感受，向着弟弟说话，就很生气地说："那行，我不写作业了。我现在就和他玩，作业写不完都怨他。"妈妈也有点儿生气："我让你不写作业和他玩了吗？你别找事。"然后拉起弟弟的手说："走，跟妈妈出去，咱们不跟他玩。"之后，只要明明写作业的时候看到弟弟过来，就会直接吼弟弟，让弟弟"滚开"。

在这个案例中，妈妈完全没有考虑明明的感受，一开始就对他的做法加以指责，这就导致明明的情绪不仅得不到处理，反而还升级了。明明本来只是不理解弟弟的做法，也不知道怎么处理，妈妈的做法让他觉得妈妈是偏向弟弟的，所以妈妈的指责让他"仇视"弟弟，最后兄弟之间的矛盾就变大了。

正确的引导步骤

解决孩子因为不理解别人的做法而产生的情绪问题，关键是要教会孩子共情，也就是让孩子能够站在对方的角度理解问题。但是换位思考是一个理性的思维过程，如果孩子情绪不好，直接引导孩子做理性思考是很难达到效果的。所以在面对此类问题的时候，需要先解决孩子的情绪问题，让孩子回归理性，然后再进行理性引导。基于孩子心理变化规律，我总结了五个步骤的引导技巧，帮助父母更好地解决问题。

第一步，完整倾听孩子的讲述并确认相关信息。

这一步的目的是了解事情的全部经过。当孩子回到家抱怨时，首先要用关心的语气询问孩子发生了什么事。可以这样说:"宝贝,什么事让你这么生气,快和妈妈讲一下,妈妈很担心。"在说完这句话之后,要认真倾听孩子讲述事情的完整经过,听到比较模糊的信息时,要和孩子确认具体细节,并在听完之后和孩子确认自己的理解是否正确,例如"妈妈刚才听到的是,老师只惩罚了一个人"。这样做是为了确保我们接收的信息是完整的,并且没有误解的。

第二步,对孩子当下的感受表达理解。

这样做可以起到两个作用:一方面可以帮助孩子处理当下的负面情绪,让孩子更快进入理性对话的状态;另一方面可以让孩子觉得父母是站在他的立场说话的,这样他就更容易接受后面的引导。可以这样对孩子表达理解:"妈妈听完整个过程,很能理解你现在的感受,如果是妈妈遇到这种情况也会感到很委屈的。"需要特别注意的是,在这段话里,只是对孩子的感受表示了认同,理解事情发生的过程带给孩子的情绪,并没有对事件中的人做出任何评价。通常孩子的感受被接纳了之后,当时的情绪也就得到了释放。如果孩子还是特别激动,可以用安慰和抚摸的方式让孩子的情绪有一个释放的时间。

第三步,确认孩子的情绪变化。

经过第二步的情绪释放,孩子明显不太生气了,这时就需要确认一下孩子的情绪,可以问孩子:"你现在有没有好受一点儿,是不是没有那么生气了呢?"这样问是为了确认孩子是不是还停留在不良的情绪状态中。如果孩子给了肯定的答复,就代表已经可以对孩子进行理性引导了。

第四步，引导孩子进行换位思考。

在确定孩子的情绪稳定下来之后，可以这样引导孩子："妈妈之前也经常遇到这样的事情，都想办法解决了。以后，你可能还会遇到这种事情，那我们就要想一想，如果再遇到这样的事情，有没有更好的解决方式呢？妈妈有一个方法可以避免再次受到委屈，你想不想知道？"这样的表达是带着父母自身的体验的，而且避免了说教，孩子会更想知道。

接下来就可以和孩子一起还原一下事件经过。以案例2中的场景来说，可以和孩子说："现在妈妈和你一起演一下事情的经过，妈妈扮演你，你扮演数学老师。你正在给全班同学讲课，你的任务是保证全班同学都能认真听讲。这个时候你讲得很认真，我的同桌和我说话你并没有听到，但是我很生气，就使劲推同桌一下，声音很大，你的讲课被打断了，全班同学都看向了我和同桌。这个时候，你是老师，你会不会很生气？你会怎么做？"

听到这么问，孩子可能会说："我会很生气，但是我会问清楚是什么原因。"这个时候可以这样对孩子说："很好，你作为老师很生气，问清楚原因也是对的，但是如果你在教室里问，我和同桌两个人可能会解释几分钟，这样就会耽误其他同学听你讲课，很有可能导致你这节课讲不完，你还会问吗？"

孩子也许会说："我不问了，但是我下课会问一下。"这时可以接着说："很好，这说明你是个好老师。如果是妈妈主动来找你解释，你会不会觉得我是一个主动解决问题的好学生啊！而且你下课之后可能需要准备下一节课。"

这样引导，可以让孩子站在老师的角度理解老师的做法。

第五步，让孩子接受正确解决问题的方式。

完成第四步之后，孩子在一定程度上可以理解老师，这时就可以给孩子理性地分析问题。例如可以这样对孩子说："妈妈刚才扮演你的时候也感受到了你当时的情绪，妈妈觉得你生气是因为老师误会你了，没有了解事情的起因，也没有给你解释的机会。你不是因为不喜欢老师生气的，对吗？"这样的分析通常孩子是比较能够接受的，而且给孩子区分了事和人的不同，让孩子学会对事不对人。

接着可以对孩子说："妈妈刚才觉得，推同桌那一下，可能动静有点儿大，确实也影响到了老师，如果是妈妈，可能会举手报告老师同桌干扰我听课。你觉得妈妈说得对吗？"

然后再问孩子："你觉得如果举手报告老师，是不是老师就不会误会你了？"正常情况下孩子肯定会认同这句话。

此外，还可以对孩子说："你看你又掌握了一个解决问题的方法，妈妈觉得你明天可以找一下数学老师，先对自己课堂上的表现道个歉，然后和老师解释一下原因。这样妈妈和老师都会觉得你是一个勇敢面对问题、主动解决问题的学生，你说好不好？"妈妈可以多给孩子一些鼓励，让孩子学会主动沟通。

通过以上五个步骤的沟通，首先能够让孩子学会共情，同时还能提升孩子解决问题的能力，再经过几次这样的沟通之后，孩子就能学会自己解决问题、主动换位思考、主动沟通，最终可以成为一个高情商的孩子。

试一试　用五个步骤引导孩子理解他人

1. 回顾自己之前在面对此类问题时，是否存在错误的沟通方式。
2. 尝试用本节所学的五个步骤和孩子沟通，并把沟通后的想法和感受写出来。

当孩子伤心难过时，如何应对

当孩子因为"不幸"的事情发生而伤心难过时，该如何正确地引导？这里的"不幸"指的是孩子失去了有感情寄托的事物。例如，最心爱的礼物被破坏了，养了很久的小宠物（小猫、小狗）被送人或死了。对孩子幼小的心灵来说，失去带有重要情感寄托的事物，心理上会受到比较大的情感伤害，如果父母不能很好地帮助孩子处理，孩子很可能会形成比较严重的心理创伤。

理解孩子为什么伤心

一位在线上学习过本节内容的家长这样写道:"今天听刘老师讲课,想起了好多自己的童年往事!我七八岁的时候养了6只小鸭子,每天会去放鸭子,看它们啄青草、吃浮萍,好开心!一天,突然有一只最瘦弱的小鸭子死了!我好伤心、好难受,把鸭子捧在手心回家坐在门边的椅子上,哭呀哭呀!也不知哭了多久,妈妈干农活回来了!劈头盖脸地骂了我一顿!说我脑子有问题,一只鸭子死掉了,有什么好哭的?还不快去切猪草,还不快去烧晚饭!我还是很伤心、很难受,可是又怕妈妈再骂下去,强忍着悲伤去干活!这件事情过去40年了,我还清晰地记得当时的那个场景,甚至那只小鸭子的样子!回想起来心里还是很难受!"

通过这段文字,我们可以清楚地看到,一个人童年的伤心往事,因为妈妈错误的处理方式,让这段"不幸"的记忆保存了40年。这也充分说明了,伤心事件对孩子的影响非常大。

很多父母看到孩子因为失去一个"小猫或小狗"就哭得歇斯底里,感到不能理解,觉得孩子有点儿小题大做。这里要特别解释的是,孩子伤心的真正原因并不是失去了"小猫或小狗",而是因为失去了"小猫或小狗"就失去了情感寄托,也就是说"小猫或小狗"承载了对于孩子来说更重要的东西,例如爱、喜欢和在乎。如果父母能够认识到这一点,也就能理解孩子为什么会那么伤心了。

正确的引导方法

面对孩子的伤心难过，父母关注的重点应该是如何处理孩子的悲伤情绪，同时帮助孩子接纳失去，避免长期的不良情绪造成伤害。基于孩子的情绪承受能力，我总结了四个步骤的沟通技巧来有针对性地解决孩子的悲伤问题。

第一步，帮助孩子排解悲伤情绪，通过倾听、安抚和表达理解，让孩子的情绪得到充分宣泄。

在这一步中，父母要更多地表现出关心，尽量安慰孩子，可以先让孩子说出他的感受，引导孩子用情绪词汇形容一下他此刻的心理状态。例如，我很伤心、很难过。这样做是在引导孩子表达出感受。然后让孩子说一说为什么这么伤心。可以让孩子说一下这个小宠物（或者别的东西）对他多么重要。这个时候，父母可以抱一抱孩子，表达对孩子情绪的理解，对孩子说："发生这样的事情，妈妈知道你很伤心。看到你这么伤心，妈妈也很难过。如果你想哭就哭出来吧，妈妈会一直陪着你。"记住让孩子哭是为了达到情绪宣泄的目的。孩子哭的时候，父母可以做一些肢体上的安抚动作，例如摸摸孩子的头，抚摸孩子的背等。

第二步，和孩子一起处理伤心源。

例如，如果是小宠物死了，可以和孩子一起找个地方把"宠物"的尸体掩埋了，并且做上标记，让孩子还可以找得到。如果是一个心爱的玩具摔碎了，可以给孩子准备一个专门的箱子，把碎掉的玩具装进去。做这一步是为了让孩子学会正视和接纳失去。因为这可能是孩子第一次面对重要事物的失去,在未来的人生当中,还会有更多类似的失去需要适应。孩子初次遇到这种事情,需要一个"仪式感"让孩子更好地学会接纳。如果在这个过程中,孩子又出现了委屈想哭的状态,依然采用第一步,倾听和安抚,允许孩子哭出来。

第三步,引导孩子正确地看待失去。

在孩子的情绪稳定下来之后,父母可以通过讲述一些自己小时候失去重要事物的经历,让孩子知道这种事情不只发生在他一个人身上,其他人也一样。可以这样和孩子说:"食物有保质期,物品也有坏掉的时候,动物自然也有死亡的时候。妈妈知道它对你很重要,但是它已经没有了。妈妈也经历过失去重要的东西,你所有的同学和老师也都遇到过,你以后可能还会遇到,这是正常现象,我们要学会勇敢地面对,好不好?"这样引导,是为了让孩子正确地看待失去,避免孩子把这件事当成一个特殊事件来看待。

第四步,给孩子带来新的情感寄托。

如果经过前三步之后,孩子依然没有完全释怀,父母可以和孩子商量,买一个一模一样的玩具,或者买一个相似的小宠物,也就是给孩子一个新的"替代品"。当然,做这件事的时候,一定要事先征得孩子的同意,最好带着孩子去挑选。需要特别注意的是,这一步一定要在做完前三步之后再去做,如果孩子对前一个事物的失去还没有接纳,直接买来一个"替代品"给孩子,孩子往往是不能接受的,尤其是比较敏感的孩子。

下面，我们通过一个案例，来看一下这四个步骤的具体应用。

2019年的一天，一位学员向我求助：她家养的一只小猫从15楼掉下来摔死了。这只小猫是她的两个女儿喂养的，已经养了两个多月，两个孩子非常喜欢。大女儿9岁，小女儿4岁，她们每天回到家都要和小猫玩很久，而且小猫每天的吃喝拉撒都是由两个孩子负责的。这只小猫对两个女儿来说非常重要。她非常担心孩子们知道小猫死了之后接受不了，但是又不知道怎么处理更恰当。

我首先表扬了她作为妈妈的细心和敏感，然后给她详细讲解了四个步骤的用法。

晚上，孩子们回到家，直奔小猫的窝，找了半天没有找到，就问妈妈小猫去哪了。这位妈妈对孩子们说："妈妈告诉你们一个不好的消息，小猫从窗户上掉到楼下摔死了。妈妈也很难过。"孩子们听到之后，完全不能相信，大女儿带着疑惑的表情问："怎么会摔下去呢？不可能，妈妈一定是骗我的，我不相信。"妈妈看女儿不信，就明确地说："真的摔下去了，妈妈去楼下看了，小猫的尸体还在楼下。妈妈没有骗你，一会儿我可以带你们去看。"

这里是我让这位妈妈不要回避问题的，问题既然已经发生了，谎言和欺骗在这个时候并不利于解决问题。

听到妈妈这样说，大女儿首先哭了起来，嘴里还一直说："怎么会这样呢？你们怎么不把窗户关起来呢？"小女儿看到姐姐哭了,还不明白怎么回事,就问姐姐小猫怎么了,姐姐带着哭腔对妹妹说:"小猫没了,死了,就是你永远也见不到了。"小女儿一听也跟着哭了起来。

这个时候,妈妈开始采取第一步,帮助孩子排解情绪。

她对两个孩子说:"妈妈知道你们很喜欢小猫,也知道它对你们很重要。妈妈非常能理解你们的感受,也和你们一样伤心。你们有什么委屈都可以说出来,想哭就哭出来。"

大女儿开始哭诉:"妈妈你知不知道,有小猫在,我写作业都写得很开心。我今天还和同学讲,我的小猫多么可爱。放学回来的路上我还在想着给小猫喂食的,它怎么就没了呢。"小女儿也在旁边哭喊:"我要小猫,我要小猫。"

看到这种情况,妈妈让爸爸去哄小女儿,自己则对大女儿说:"妈妈知道你很喜欢小猫,所以失去它让你很伤心。"然后过去抱了抱大女儿,接着对大女儿说:"妈妈理解你的伤心,难过就把委屈都哭出来,妈妈陪着你。"

接下来,大女儿又絮絮叨叨地说了很多和小猫有关的事,大概过了20分钟,大女儿的情绪慢慢平静了下来。小女儿也早就在爸爸的安抚下不哭闹了。这里要说明的是,4岁的孩子还不能完全理解这种失去,所以她的情绪问题并不严重,他们家重点要解决的是大女儿的情绪问题。

妈妈看到女儿的情绪已经稳定下来了,就进行了**第二步,和孩**

子一起处理伤心源。

"你们要不要下去看一看小猫,我们一起把它埋起来,不要让它躺在楼下经历风吹日晒。"两个孩子都同意下楼,于是爸爸带着一把小铁锹,一家人下了楼。当大女儿看到小猫的尸体时,又伤心起来。爸爸在小区的一棵小树下挖了一个小坑,然后把小猫放了进去。盖好土之后,大女儿在小猫的"坟"前说:"你好好躺在这里吧,我会经常来看你的。"

再次回到家,两个孩子的情绪都相对比较平静了,一家人一起吃了饭,聊了一些比较开心的话题。睡觉前,妈妈看大女儿的情绪还比较平静,就进行了**第三步,引导孩子正确地看待失去**。

她和女儿都躺在床上,对女儿说:"乖女儿,你知道吗?妈妈像你这么大的时候,养过一只小狗,非常可爱。妈妈喂了它两年,后来它病死了,我当时也非常伤心。随着妈妈年龄越来越大,发现失去一个重要的东西,是每个人都会遇到的,而且不会只是一次。爸爸也遇到过,你们的老师也会遇到,你所有的同学都有可能遇到过这样的事情。妈妈想对你说,这是一件很正常的事情,我们要学会接受,勇敢地面对,不能一直停留在伤心的状态里,那对自己的身体是不好的,明白吗?"然后,妈妈又聊了一些童年的经历,女儿也和妈妈探讨了一些问题,最后女儿安稳地睡着了。

接下来,他们进行了**第四步,给孩子带来新的情感寄托**。

第二天刚好是周末，爸爸和女儿们商量，要不要再买一只小猫，两个孩子都同意，大女儿说她要亲自去挑选。第二只小猫来到这个家之后，两个孩子再也没有因为第一只小猫而伤心了。

在这个案例中，妈妈是非常用心的，对于孩子的情绪感知也比较到位，爸爸也非常配合，所以整个处理过程都非常顺畅，很好地避免了孩子的情绪积压，而且帮助孩子真正学会了接纳失去。

> **试一试** **用四个步骤帮助孩子排解不良情绪**

1. 通过阅读本节内容，回顾自己是否存在错误的引导方式，把它写出来。

2. 尝试演练四个步骤的应用，把自己的思考和理解写出来。

当孩子遭遇挫折和失败时，如何开解

很多父母既希望孩子的一生能够一帆风顺，又希望孩子能够具备抗挫折的能力。孩子的抗挫折能力大多是在经历挫折之后才能形成的，一帆风顺的孩子不可能有机会面对挫折。当然，人的一生也不可能是一帆风顺的，遭遇挫折和失败几乎是不可避免的。父母需要做的是不要害怕孩子遭遇挫折和失败，而是要帮助孩子正确看待自己的失败，并且能够在失败中学会总结经验，这样孩子才能真正形成抗挫折的能力。

具有抗挫能力的重要性

很多父母在孩子遭遇挫折和失败时，不知道该如何应对。有的会进行简单的安慰和鼓励，有的会指责孩子不争气、不努力。简单的安慰和鼓励也许可以让孩子很快接受失败的结果，也很容易原谅自己在失败中的错误，但这样孩子很难从失败中得到应有的经验、获得成长，所以能取得的成绩也是忽高忽低的。在孩子失败时指责孩子不努力，则会强化孩子的挫败感，挫伤孩子的斗志，让孩子没有自信心，也就更不愿意努力了。

对于孩子来说，如何面对失败是一个非常重要的人生课题。在我从事咨询工作的过程中，见到过很多成绩优秀的孩子，在读了大学之后，遇到一点儿挫折就一蹶不振。有在大学宿舍里以打游戏的方式自暴自弃的，有大学毕业之后在家啃老的，有在工作中遇到一点儿委屈就辞职不干的。他们之中大多数在中小学时成绩非常优秀，过往都是十分顺利的，根本没有形成抗挫折的能力，社会上也把这样的人称为"高分低能"的人。

父母如果只是单纯关注孩子的成绩，而忽略孩子心理承受能力的成长，那么很可能就会培养出一个"高分低能"的孩子。本节要强调的是，首先，不要试图做孩子的保护伞，总是避免孩子遭遇挫折和失败，失败最积极的一面是让孩子看清自己的不足，提升自己的短板；其次，要掌握正确的引导方式，帮助孩子正确面对自己的失败，更好地形成抗挫折的能力。

引导孩子正确面对失败的沟通步骤

基于多年的咨询经验，我总结了引导孩子面对失败的五个沟通步骤，具体如下：

第一步，接纳孩子因为失败而产生的负面情绪。

当孩子因为参加某项重要的比赛没有拿到名次时，或者当孩子考试成绩不理想时，通常都会表现出沮丧和失落的情绪，严重的可能还会伤心难过。这时，父母需要做的是先接纳孩子当下的情绪，而不是因为孩子取得的结果不好而感到失望。接纳孩子的情绪，并对孩子表达理解，可以减少孩子因为成绩不好而产生的负罪感。可以这样对孩子说："你是不是因为这一次的成绩不好感到很失落？爸爸很能理解你的感受，毕竟你为这一次的比赛（考试）付出了很多努力。"

第二步，用故事引导孩子正确看待失败。

可以给孩子讲一个自己如何面对失败的故事，也可以引用成功人士如何在失败中走向成功的故事。在自己的故事中，要先强调失败带给自己的情绪影响，然后详细描述自己是如何通过失败总结经验、发现不足之处的，最后落在如何改变不足从而获得成功上。讲述这样的故事，既可以让孩子明白失败是每个人都会遇到的，同时也可以让孩子知道面对失败的正确方式是什么。可以这样开头引入故事："爸爸也曾遭遇过这样的挫败，但是当时爸爸从失败中总结经验，最后取得了更好的成绩，你想不想听？"

第三步，肯定孩子过往所做的努力。

通过前两步的沟通，孩子的情绪基本可以恢复到比较平静的状态，这时就要引导孩子进行理性分析，可以对孩子说："你前面有一个月的时间确实付出了不少努力，而且这些努力也确实是有效果的，从成绩上我们也能看得出来。"对孩子过往的努力表示肯定，是为了让孩子相信努力是有效的，避免孩子因为失败而产生"努力也没有用"的心理认知。

第四步，和孩子一起分析失败的原因。

这一步是非常关键的，通过分析失败的原因，可以让孩子更清楚问题的所在，而不是沉浸在失败的情绪当中。而且在上一步肯定了孩子的努力之后，此时孩子已经比较容易接受失败的原因了。

可以这样和孩子说："其实结果已经出来了，成绩的好坏已经没那么重要了，重要的是为什么会出现这样的结果。既然努力是有效的，那么为什么结果不好呢？我们可以一起来分析一下原因，爸爸先说一条，你看看对不对，也可以自己想一想。爸爸觉得你开始努力的时间太晚了，如果再提前两个月下功夫，相信你一定会取得比现在更好的成绩，你说对不对？如果我们现在把所有的原因都找到，下一次肯定可以做得更好。"

接下来，可以让孩子多分析自己的问题，这样孩子才能从这次的失利中真正获得经验。

第五步，和孩子制订调整方案，并鼓励孩子落实计划。

这一步是针对孩子失败的原因制订改变计划，为下一步取得成功做好准备。"失败是成功之母"，说的就是要通过失败发现问题，然后找到成功的方案。如果孩子只是知道了自己失败的原因，没有针对问题做出改变，那么下一次很可能仍然失败。制订方案可以帮助孩子指明具体的行动方向。

下面，我们通过一个案例，来看一下这五个步骤的具体应用。

04 用沟通技巧解决孩子的具体问题

2018年寒假，我给一位叫媛媛的初三女生做过一次心理疏导，她当时因为初三上学期的期末考试考得不好，非常沮丧。她参加过我的线下训练营，和我也有过几次交流，非常信任我，就让父母申请了我的咨询。我对媛媛的印象很深刻，她是一个非常要强的女孩，在线下课堂上表现得很突出，学习成绩也很优秀，基本都在班级前10名，同时还一直担任班长的职务。因为临近中考，这一次考试失利，让媛媛非常有挫败感，甚至出现了焦虑的情绪。以下是我和她的对话过程。

媛媛："刘老师，我这一次没考好，心里很难受，想请您指导我一下。"

我："有多不好，说给老师听听。"

媛媛："非常差，我都不好意思说，退步了15名，尤其是物理，都没有考及格，唉！这次的成绩对我打击太大了，我都不知道能不能考上重点高中了。"

我："你心里难受，是不是因为倒退了15名，有点儿怀疑自己的学习能力？又加上距离中考很近了，感到非常焦虑？"

媛媛："是的，很难受，很焦虑。"

我："老师能理解你的感受，毕竟你之前成绩都很好，从来没遇到过这种情况。"

在这段对话里我采用了第一步，接纳并理解了她的情绪。

媛媛："是的老师，我的成绩一直都稳定在前10名，现在都掉到 20 名开外了，我觉得现在老师看我的眼神都不对了。"

我："这一点我非常理解你，你一直都很要强，不允许自己退步。但是以我对你的了解，这个成绩肯定代表不了你的学习能力。你现在只是因为一次退步太多，有点儿慌了，自己乱了方寸，不知道该怎么办了，你说对不对？"

这一段话，我是在说她不知道如何面对失败，是在为进行第二步的故事引导做铺垫。

媛媛："对的老师，我现在真的是懵的状态。"

我："老师跟你分享一个我自己遭遇挫折的故事。我在上大学的时候，参加过一个演讲与口才协会。当时因为我的写作能力还可以，沟通能力比较好，便竞选上了协会的办公室主任一职。一次，协会组织演讲比赛，我当时觉得自己表达能力很强，就积极报名参赛了，结果在初赛阶段就被淘汰了。回想起来，我当时站在讲台上，整个人非常紧张，面对评委一下子就忘词了，刚说完两句话我就灰溜溜地下台了。

"我当时很受打击，同时也觉得很给协会丢脸。你要知道，在那之前我一直觉得自己挺有才华的（笑），但是一上台就傻眼了。我当时的失落感一点儿也亚于现在的你。于是，我就找到协会的会长，告诉他我想辞去主任一职，觉得自己不配这个职位。当时那位会长的两句话点醒了我，他说：'你有没有想过为什么你的演讲会是这个结果，你做了哪些准备？写逐字稿了吗？把稿子背熟了吗？结果不好不可怕，可怕的是你根本不知道为什么结果不好。'

"听完他的话，我反思了很多。我确实没有为这次演讲做足准备，因为自我感觉良好，根本就没有好好写稿子，只写了个大纲，也完全没有在台下练习，直接上台，讲不好是必然的。同时这件事也让我认识到，如果没有真正付出努力，任何事情都很难做好。接下来的时间，我针对自己存在的问题，制订了一个训练演讲能力的方案。直到现在，无论多么熟练的课件，每次上台之前，我都要求自己再练习一遍，做足准备。你也听过我的课，觉得老师现在的演讲能力怎么样？"

这是我进行的第二步，用故事引导帮助她正确看待失败。

媛媛："您的演讲能力是我见过的老师里面最好的，我非常喜欢听您讲课。"

我："谢谢，我一直觉得你是一个非常优秀的学生，也很愿意在学习上花时间。在我看来你的学习能力是很强的，你过去的成绩也充分证明了这一点。你这一次没考好，一定是有原因的。你有没有想过原因是什么？"

这一段话我采用了第三步，肯定了她的学习能力和她之前的努力。

媛媛："老师您说得对，听完您刚才的故事，我也在想自己的问题。"

我："我们一起来分析一下，有没有哪些因素影响了你的学习效果。我觉得你应该已经有答案了，先说给老师听听。"

媛媛："我现在觉得可能有两点。一个是班长这个身份，最近学校的模拟考试特别多，我作为班长承担了很多帮老师收试卷、整理试卷，甚至批改试卷的工作，这就导致我花在学习上的时间比别的同学少了很多；另外一个是，物理这一科最近学得有点儿吃力，可能是方法不对，我一直想提高物理成绩，就花了大量时间研究物理大题，但是效率不高，每次都是花半小时才能弄懂一道大题。应该是这两个问题对我影响比较大。"

我："我觉得你分析得很好，这两个问题应该是比较大的影响因素。我建议你把这一次考试的试卷整体复盘一遍，特别是要针对丢分比较多的科目做出重点分析，这样你就能更清楚考得不好的原因还有什么了。"

媛媛："好的老师，这个我一定做。"

这段对话就是在进行第四步，和她分析失败的原因。

我："最后老师还要建议你，在分析完原因之后，做一个调整方案。例如，针对学习时间，可以和班主任商量一下，把你的大部分工作分出去，交给学习委员或者课代表，总之要把更多的时间花在学习上。针对个别科目的学习，像物理，可以多请教一下老师和物理成绩好的同学，找到正确的学习方法，不能使蛮力。制订好计划后，每天要有节奏地完成学习任务，老师相信你下一次一定可以考出好成绩。"

这一段话我进行的是**第五步，制订调整方案和计划。**

媛媛："嗯嗯，老师，我知道怎么做了。"
我："现在感觉怎么样，还难受吗？"
媛媛："不难受了，我现在感觉很轻松，主要是我知道接下来该怎么做了。谢谢老师！"

通过上面这个案例可以看到，我在和学生沟通的时候并不急于下结论或给建议，而是分步骤地慢慢引导。希望父母在应用此方法的时候，不要生搬硬套，要和孩子自然地沟通，每一步都不能太有目的性，一定要顺畅地进行，该铺垫的地方一定要铺垫到位，这样每句话的作用才能真正显现出来。只要大家能够完整地吸收本书所讲的内容，勤加练习，就能成为和孩子沟通的高手。

试一试 **用五个步骤引导孩子面对失败**

1. 通过阅读本节内容,反思自己之前是否存在错误的引导方式,把问题写出来。

2. 尝试练习这五个沟通步骤,同时把你的想法和感受写出来。

小结：如何成为一个和孩子沟通的高手

本章主要讲了沟通的原理和具体技巧，通过讲解高效亲子沟通模型的基本原理，以及针对具体问题的沟通步骤，让父母真正成为一个亲子沟通高手。当然，本章中有很多工具化的知识点需要大家反复阅读，才能熟记于心。针对孩子实际问题的沟通步骤，同样需要反复练习，多进行实际应用才能真正掌握。总结的目的在于强化记忆，把所学的知识内容内化成自己的智慧，以便更好地应用到生活当中，以下是对本章总结的要求。

练习： 如何成为一个和孩子沟通的高手

要求： 根据对本章内容和所讲方法的理解，想一想接下来自己应该如何和孩子沟通，总结内容要求必须包含以下四点：

（1）我和孩子沟通的现状是怎样的？

（2）我认为我在沟通中存在的问题有哪些？

（3）我最先需要改变的是什么？

（4）通过阅读本章内容，我的成长是什么？